자격증번호:1-2025-001

공인중개사자격증

성   명 :   님

위 사람은 제36회 공인중개사 자격증을 취
득하기 위해 밤낮없이 열심히 학업에 매진
하며 끊임없이 열공하였으므로 너무나 당
연하게 우수한 성적으로 합격할 것이라고
확신하는바, 영험한 기운을 가진 완전 멋진
개로니스트가 미리 자격증을 선사합니다.

2025년   월   일

개로니스트 이영섭

박문각
브랜드만족
1위
박문각
근거자료
별면표기
2025
파이널 패스
핵심이론 +100선
박문각 공인중개사
이영섭
1차
부동산학개론

박문각 공인중개사

01 ▶ 표준산업분류

▶ **표준산업분류상 부동산업의 분류**

1) 부동산업 ⇨ 부동산 임대 · 공급 ‖ 관련 서비스업
2) 부동산 임대 및 공급업 ⇨ 임대, 개발 및 공급업
3) 부동산 관련 서비스업 ⇨ 관리 · 중개 · 자문 및 평가
4) 부동산 관리업 ⇨ 주거용 (아파트) / 비주거용 (사무용)

Q 다음 지문 중 틀린 것을 모두 고르면? [   ]

1 표준산업분류상 부동산업은 부동산 임대 및 공급업, 관련 서비스업으로 분류된다.

2 부동산 임대 및 공급업은 부동산 임대업과 부동산 개발 및 공급업으로 구분된다.

3 부동산 개발 및 공급업은 부동산 관련 서비스업에 해당한다.

4 부동산 관련 서비스업은 부동산 관리업, 중개업, 자문 및 평가업으로 구분된다.

5 부동산 관리업은 부동산 임대 및 공급업에 포함된다.

6 부동산 투자 자문업과 부동산 중개 및 대리업은 표준산업분류상 부동산 관련 서비스업에 포함된다.

7 부동산 투자 및 금융업은 부동산업에 해당한다.

8 분양대행업은 부동산 관련 서비스업에 포함된다.

02▶ 복합개념

▶ **부동산의 정의 ⇨ 법률적, 경제적, 기술적 개념**

1) 법률적, 경제적, 기술적 개념

2) 유형 = 기술 = 물리적 ⇨ 공간, 자연, 위치, 환경

3) 경제적 ⇨ 자산, 자본, 생산요소, 소비재, 상품

4) 법률적 ⇨ 협의의 부동산 + 광의의 부동산

5) 협의 = 좁은 = 민법상 부동산 = 토지 + 정착물

6) 광의 = 넓은 ⇨ 협의의 부동산 + 준(의제)

Q 다음 지문 중 틀린 것을 모두 고르면? [   ]

1 부동산을 법률적, 경제적, 기술적 측면 등의 복합된 개념으로 이해하는 것을 복합부동산이라고 한다.

2 경제적 개념의 부동산은 생산요소, 자산, 자본, 공간, 자연으로서의 부동산을 의미한다.

3 토지는 생산재와 소비재의 동시적 성격이 있다.

4 협의의 부동산이란 민법상 부동산을 의미한다.

5 준(準)부동산은 부동산과 유사한 공시방법을 갖춤으로써 넓은 의미의 부동산에 포함된다.

03▶ 법률적 개념의 부동산

▶ **이론1 소유권의 법률적 개념**

1) 내용 ⇨ 법률의 범위 내에서 사용, 수익, 처분

2) 범위 ⇨ 정당한 이익 내에서 상·하에 미침

3) 공시 ⇨ 부동산 ⇨ 등기에 의함

▶ **이론2 정착물 및 준부동산**

1) 민법상 정착물 ⇨ 종속[일부] + 독립[다른]

2) 독립정착물 ⇨ 건물, 명인방법, 입목, 재배중

3) 동산 ⇨ 정착물× : 가식중인 수목, 경작수확물

4) 준부동산 ⇨ 부동산과 유사한 공시방법 [등기, 등록]

5) 공장재단 ⇨ 준부동산, 넓은 의미, 법률적 개념

Q 다음 지문 중 틀린 것을 모두 고르면? [   ]

1 토지의 정착물은 토지의 일부로 간주되는 것과 토지와는 서로 다른 부동산으로
   간주되는 것으로 구분된다.

2 경작노력이 없는 다년생식물, 제방, 돌담 등은 종속정착물에 포함된다.

3 소유권 보존 등기된 입목(立木)과 명인방법에 의한 수목은 독립정착물로 간주된다.

4 가식(假植)중인 수목과 경작 수확물은 부동산 정착물로 간주된다.

5 공장재단은 준(準)부동산으로서 넓은 의미의 부동산에 포함되며, 복합개념 중 법률적 개념
   의 부동산에 해당한다.

04▶ 토지의 분류

▶ **해당 토지의 분류를 ★무한반복**

1) 수면 밑으로 잠긴, 하천으로 변한	1) 포락지
2) 임지, 농지, 택지 상호간 전환중	2) 후보지
3) 등기, 등록, 지번단위	3) 필지
4) 해변토지, 소유권×, 활용이익○	4) 빈지
5) 도로와 접속면×	5) 맹지
6) 개발되기 이전, 자연상태	6) 소지
7) 임지, 농지, 택지지역 내에서 전환중	7) 이행지
8) 고압선 아래, 거래제한	8) 선하지
9) 건물×, 사법×, 공법○	9) 나지
10) 공법상 제한으로 남은 (비워놓은)	10) 공지
11) 경계사이의 경사진 부분	11) 법지
12) 지력회복, 정상적 휴식	12) 휴한지
13) 경제적 개념, 가격수준이 비슷	13) 획지
14) 인공수로	14) 구거
15) 지가공시목적 : 표준지 vs 표본지	15) 표준지
16) 바닥토지, 건축이 불가능한 토지 포함	16) 부지
17) 토지의 종류를 구분하여 지적공부에 등록한 것	17) 지목(地目)

Q 다음 지문 중 틀린 것을 모두 고르면? [   ]

1   맹지는 도로에 직접 연결되지 않은 토지이다.

2   건폐율·용적률의 제한으로 건물을 짓지 않고 남겨둔 토지를 공지라고 한다.

3   나지는 토지 및 기타의 정착물이 없고 사법상 사용·수익에 대한 제한이 없으며, 공법상
    제한은 인정되는 토지이다.

4   이행지는 택지지역·농지지역·임지지역 상호간에 다른 지역으로 전환되고 있는 일단의
    토지를 말한다.

5   필지는 공간정보의 구축 및 관리등에 관한 법령과 부동산 등기법령에서 정한 하나의
    등록단위로 표시하는 토지이다.

6   지적공부에 등록된 토지가 물에 침식되어 수면 밑으로 잠긴 토지를 빈지라고 한다.

7   개발되기 이전의 자연상태의 토지를 소지라고 한다.

8   획지는 인위적·자연적·행정적 조건에 따라 다른 토지와 구별되는 가격수준이 비슷한 일
    단의 토지를 말한다.

9   택지지역 내에서 주거지역이 상업지역으로 용도변경중인 토지를 이행지라고 한다.

10   소유권이 인정되지 않는 바다와 육지 사이의 해변 토지를 빈지라고 한다.

11   공간정보의 구축 및 관리 등에 관한 법령상 용수를 위하여 일정한 형태를 갖춘 인공적인
    수로·둑 및 그 부속 시설물의 부지의 지목을 구거라고 한다.

12   토지와 도로 등 경계사이의 경사진 부분의 토지를 빈지라고 한다.

05▶ 주택의 분류

▶ **건축법 시행령 및 주택법상 주택분류**

1) 다중주택 ⇨ 3개층↓, 660m^2↓, 학생·직장인, 욕실O, 취사×

2) 다가구주택 ⇨ 3개층↓, 660m^2↓, 19세대 이하 [구분등기×]

3) 다세대주택 ⇨ 4개층↓, 660m^2↓, 공동주택, [구분등기O]

4) 연립주택 ⇨ 4개층↓, 660m^2 초과, 공동주택

5) 아파트 ⇨ 5개층 이상

6) 도시형 생활주택 ⇨ [300세대]미만 , 분양가 상한제×

7) 주택외의 건축물과 부속토지 ‖ 주거시설로 이용
   ⇨ 오피스텔, 노인복지주택, 다중생활시설, 기숙사

Q 다음 지문 중 틀린 것을 모두 고르면? [   ]

1 다세대 주택은 주택으로 쓰는 1개 동의 바닥면적 합계가 660m^2 이하이고, 주택으로 쓰이는 층수가 4개 층 이하인 주택이다.

2 연립주택은 주택으로 쓰는 1개 동의 바닥면적 합계가 660m^2 를 초과하고, 주택으로 쓰이는 층수가 4개층 이하인 주택이다.

3 학교 또는 공장 등의 학생 또는 종업원 등을 위하여 쓰는 것으로서 1개 동의 공동취사시설 이용 세대 수가 전체의 50퍼센트 이상인 주택을 다중주택이라고 한다.

4 다가구주택은 학생 또는 직장인등 여러 사람이 장기간 거주할 수 있는 구조로 되어 있는 주택을 의미한다.

5 도시형 생활주택은 300세대 미만의 국민주택규모에 해당하는 주택이다.

06▶ 토지의 특성

▶ 해당 토지의 특성을 ★무한반복

1) 외부효과를 유발함	부동성	12) 동산과 부동산의 구분	부동성
2) 표준지 선정이 어려움	개별성	13) 가치보존력이 우수	영속성
3) 가치(value)의 개념	영속성	14) 토지의 물리적 공급×	부증성
4) 토지의 물리적 감가×	영속성	15) 일물일가법칙×	개별성
5) 부동산 조세수입 근거	부동성	16) 부동산 활동의 국지화	부동성
6) 토지이용의 집약화	부증성	17) 임장활동 필요성	부동성
7) 완전한 대체불가	개별성	18) 소모되지 않음	영속성
8) 최유효이용	부증성	19) 지대 및 지가, 지가고	부증성
9) 관리의 중요성	영속성	20) 수익환원법(직접환원법)	영속성
10) 독점소유욕	부증성	21) 장기적 의사결정	영속성
11) 지역분석의 필요성	부동성	22) 수요자 경쟁	부증성

Q 다음 지문 중 틀린 것을 모두 고르면? [   ]

1   토지는 부증성으로 인해서 용도적 관점에서 장·단기적으로 공급이 완전비탄력적이다.

2   지리적 위치의 고정성으로 인하여 토지시장은 국지화된다.

3   부증성은 지대 또는 지가를 발생시키며 최유효이용의 근거가 된다.

4   부증성 때문에 이용전환을 통한 토지의 경제적 공급은 불가능하다.

5   부증성으로 인해 토지 이용의 집약화가 중시된다.

6   토지의 물리적 대체가 불가능한 것은 개별성과 관련이 있다.

7   토지는 영속성이 있지만 경제적 감가는 발생한다.

07▶ 수요와 공급일반

> ▶ **부동산 수요와 공급의 기본개념**
>
> 1) 수요(공급)량 ⇨ 하고자 하는, 유효수요, 유량
>
> 2) 유량 (flow) ⇨ 기간 (월, 년)
>
> 3) 저량 (stock) ⇨ 시점 (현재) ⇨ 재고, 자산(자본), 가치, 부채, 인구, 통화량
>
> 4) 수요법칙 : 가격상승 → 수요량 감소 [반비례]
>
> 5) 공급법칙 : 가격상승 → 공급량 증가 [정비례]
>
> 6) 수요량의 변화 ⇨ 해당재화 가격, 곡선상, 점의 이동
>
> 7) 수요의 변화 ⇨ 가격이외, 곡선자체, 곡선이동

Q 다음 지문 중 틀린 것을 모두 고르면? [   ]

1 수요량은 일정 기간에 실제로 구매한 수량이다.

2 주택재고, 가계자산, 신규주택공급량, 자본총량, 도시 인구는 저량이다.

3 다른 조건이 일정하다면 부동산 가격이 하락하면 공급량이 감소한다.

4 부동산 공급량과 공급량에 영향을 주는 요인들과의 관계를 공급함수라고 한다.

5 아파트 가격상승이 예상되어 수요량이 변하면 동일한 수요곡선상 상향으로 이동하게 된다.

6 담보대출 금리가 상승하여 수요량이 변하면 동일한 수요곡선상 하향으로 이동하게 된다.

7 가격이외의 다른 요인이 수요량을 변화시키면 수요곡선자체의 변화가 나타난다.

8 부동산 시장수요곡선은 개별수요곡선보다 탄력적이다.

08 ▶ 부동산 수요변화

▶ **부동산 수요변화요인**

1) 대체재 수요 − ⇨ 수요 (+) : 균형가격 (+) [수반]

2) 대체재 가격 + ⇨ 수요 (+) : 균형가격 (+) [가동]

3) 보완재 수요 − ⇨ 수요 (−) : 균형가격 (−) [수동]

4) 보완재 가격 + ⇨ 수요 (−) : 균형가격 (−) [가반]

5) 가격상승기대 : 수요증가 [우측이동]

6) 가격하락예상 : 수요감소 [좌측이동]

Q 다음 지문 중 틀린 것을 모두 고르면? [   ]

1 대체재의 수요감소는 수요곡선을 우측으로 이동시킨다.

2 대체주택 가격하락은 수요곡선을 좌측으로 이동시킨다.

3 대체재의 가격상승은 해당재화의 균형가격을 상승시킨다.

4 보완재의 가격하락은 수요곡선의 우측이동 요인이다.

5 보완재의 수요증가는 수요곡선의 우측이동 요인이다.

6 아파트 가격이 하락하면 대체재인 오피스텔 수요가 증가하고 오피스텔의 가격은 상승한다.

7 부동산 가격상승에 대한 기대감은 수요곡선의 좌측이동요인이다.

09▶ 부동산 공급

▶ **부동산 공급의 특징**

1) 공급량 ⇨ 매도하고자 하는 [실제로×]

2) 토지의 물리적 공급 ⇨ 불가 ⇨ 완전비탄력 ⇨ 수직선 [토물완비 ⇨ 수직]

3) 토지의 용도적(경제적) 공급 ⇨ 가능 ⇨ 우상향

4) 부동산의 물리적 공급 ⇨ 단기 비탄력 ‖ 장기 탄력

5) 신축공급 ⇨ 단기불변

Q 다음 지문 중 틀린 것을 모두 고르면? [   ]

1 부동산의 공급량은 특정 가격수준에서 실제도 매도한 수량이다.

2 토지의 물리적 공급은 완전비탄력적이며, 토지의 물리적 공급곡선은 수직선이다.

3 토지는 용도적 공급곡선은 우상향한다.

4 주택의 단기공급은 가용생산요소의 제약으로 인해 장기에 비해 비탄력적이다.

5 부동산의 물리적 공급은 단기적으로 한정되어 있어 비탄력적인 편이다.

6 신축 원자재가격의 상승은 단기적으로 주택의 임대료를 상승시킨다.

10 ▶ 균형이론

▶ 이론1 수요와 공급 중 하나만 변화할 때

			가격	양
공급이 불변인채, 수요가 증가할 때		●	상승	증가
공급이 불변인채, 수요가 감소할 때	●		하락	감소
수요가 불변인채, 공급이 증가할 때		●	하락	증가
수요가 불변인채, 공급이 감소할 때	●		상승	감소

▶ 이론2 수요와 공급이 **모두 변할 때**

			가격	양
수요가 증가하고, 공급이 증가할 때		● ●	알수×	증가
수요가 증가하고, 공급이 감소할 때	●	●	상승	알수×
수요증가 폭이 공급증가 폭보다 클 때		●	상승	증가
공급감소 폭이 수요감소하는 폭보다 작을 때	●		하락	감소
수요증가와 공급증가의 폭이 동일할 때		● ●	불변	증가

1   ~하거나, ~할 때 ⇨ 점을 2개 찍어 판단 ⇨ 정답에 **알 수 없음**이 포함

2   ~하는 폭이 크거나 작을 때 ⇨ **큰 쪽으로 판단** ⇨ 하나만 변하는 경우와 동일

3   ~하는 폭이 동일할 때 ⇨ 점을 2개 찍어 판단 ⇨ 정답에 **불변(변하지×)**이 포함

Q 다음 지문 중 틀린 것을 모두 고르면? [   ]

1   수요가 불변이고, 공급이 감소하면 균형가격은 상승하고 균형거량은 감소한다.

2   수요와 공급이 모두 감소하면 균형가격은 알 수 없고, 균형거래량은 감소한다.

3   수요와 공급이 동시에 증가하고 수요의 증가폭이 공급의 감소폭보다 더 큰 경우, 균형가격
    은 상승하고 균형거래량은 증가한다.

4   수요는 증가하고 공급이 감소하는 경우, 수요의 증가폭이 공급의 감소폭보다 작다면 균형
    가격은 하락하고 균형량은 감소한다.

5   수요의 감소폭과 공급의 증가폭이 같다면 균형가격은 상승하고 균형량은 불변한다.

▶ **이론3 탄력성에 따른 균형의 이동**

•완전비탄력, 완전탄력적

공급이 완전비탄력, 수요증가		수요가 완전탄력적, 공급증가	
균형가격	균형거래량	균형가격	균형거래량
상승	불변	불변	증가

•비탄력, 탄력적

공급이 비탄력, 수요증가		공급이 탄력적, 수요증가	
균형가격	균형거래량	균형가격	균형거래량
더↑상승	더↓증가	더↓상승	더↑증가

Q 다음 지문 중 틀린 것을 모두 고르면? [   ]

1 수요가 증가할 때 부동산 공급곡선이 비탄력적일수록 부동산 가격은 더 크게 상승한다.

2 수요가 감소할 때 부동산 공급의 탄력성이 작을수록 균형가격은 더 크게 하락한다.

3 수요의 가격탄력성이 완전탄력적인 경우에 공급이 증가하면 균형가격은 변하지 않고 균형거래량은 증가한다.

4 공급이 완전비탄력적일 때 수요가 증가하면 균형가격은 상승하고, 균형거래량은 증가한다.

▶ 이론4 기울기와 균형의 계산

1) 기울기 $\Rightarrow \dfrac{Q앞}{p앞}$

2) 균형 $\Rightarrow Q_D = Q_S$

---

1 $Q_{D1} = 200 - \dfrac{3}{2}P$ 이고, $Q_S = \dfrac{1}{4}P - 10$ 이라면

1) 수요곡선 기울기의 절대값은?
2) 균형가격은?
3) 균형거래량은?

기울기	균형가격	균형거래량
$Q_{D1} = 200 - \dfrac{3}{2}P$ 에서 기울기의 절대값 $= \dfrac{2}{3}$	$200 - \dfrac{3}{2}p = \dfrac{1}{4}P - 10$ 이고 각 변에 4를 곱하면, $800 - 6P = p - 40$ 이 되고 $840 = 7P$ 이므로 , $P = 120$	$Q_S = \dfrac{1}{4}P - 10$ 에서 $P = 120$ 을 대입하면, $Qs = 30 - 10 = 20$

11▶ 수요의 탄력성

> ▶ **이론1 가격탄력성의 구분**

가격탄력성 ⇨ 가격변화율에 대한 수요(공급)량의 변화율 [정량적] [절대값]

완전비탄력	비탄력	단위탄력적	탄력적	완전탄력적
수요량 불변 탄력성 = 0 수직선	가격변 〉 양변 탄력성 〈 1 비·가·더	가격변 = 양변 탄력성 = 1 변화율 같음	가격변 〈 양변 탄력성 〉 1 양·탄·더	수요량 무한 탄력성 무한대 수평선

Q 다음 지문 중 틀린 것을 모두 고르면? [   ]

1 수요의 가격탄력성은 해당 재화의 가격변화율에 대한 수요량의 변화비율을 측정한 것이다.

2 미세한 가격변화시 수요량이 무한히 크게 변한다면, 수요가 완전탄력적이라는 의미이다.

3 수요가 탄력적이라는 것은 가격변화율에 비해 수요량의 변화율이 크다는 것을 의미한다.

4 공급이 비탄력적이면 가격의 변화율이 공급량의 변화율보다 크다는 의미이다.

5 수요의 가격탄력성이 완전탄력적이면 가격의 변화와는 상관없이 수요량이 고정된다.

6 수요곡선이 수직선이면 수요의 가격탄력성은 완전탄력적이다.

▶ **이론2 가격탄력성 결정요인 및 수입**

1) 대체재가 많아질수록 ⇨ 탄력성 커짐(탄력적) , 기울기(완만)

2) 세분화할수록 ⇨ 탄력적

3) 용도전환이 어려울수록 ⇨ 비탄력적

4) 관찰기간이 길어질수록 ⇨ 탄력적

5) 단기에서 장기로 갈수록 ⇨ 탄력적

6) 비탄력적일 때, 임대료 상승시 임대수입은 [증가] ⇨ 비단은 고가!

7) 탄력성이 1일 때 임대료 상승시 임대수입은? ⇨ 단위는 수입불변

Q 다음 지문 중 틀린 것을 모두 고르면? [   ]

1 부동산 수요에 대한 관찰기간이 길어질수록 수요의 가격탄력성은 커진다.

2 대체재가 감소함에 따라 수요곡선의 기울기는 점점 급해진다.

3 임대주택을 건축하여 공급하는 기간이 짧을수록 공급의 가격탄력성은 작아진다.

4 수요가 단위탄력적일 경우, 임대료가 하락하더라도 전체 임대료 수입은 불변한다.

5 가격탄력성이 1보다 작을 경우 전체 수입은 주택 임대료가 상승함에 따라 증가한다.

6 수요가 탄력적인 경우 임대료를 인상하면 임대수입은 기존보다 증가하게 된다.

가격탄력성	소득탄력성	교차탄력성
$\dfrac{\text{A수요량변화율}}{\text{A가격변화율}}$	$\dfrac{\text{수요량변화율}}{\text{소득변화율}}$	$\dfrac{\text{B수요량변화율}}{\text{A가격변화율}}$
가격변×가격탄 = 수요량변	소득변×소득탄 = 수요량변	A가격변×교차탄 = B수요량변
가가양	소소양	가교양

▶ 패턴1 하트 그리기 : AAB패턴 [가격탄력성과 교차탄력성]

아파트 매매가격이 10% 상승할 때, 아파트 매매수요량이 7% 감소하고 오피스텔 매매수요량이 8% 증가하였다. 이때 아파트 매매수요의 가격탄력성의 정도(A), 오피스텔 매매수요의 교차탄력성(B), 아파트에 대한 오피스텔의 관계(C)는? (다른 조건은 동일)

−7 [아] │ +8 [오] +10 [아]	A) 가격탄력성 = $\left\| \dfrac{-7}{+10} \right\|$ = 0.7 [비탄력적] B) 교차탄력성 = $\dfrac{+8}{+10}$ = 0.8 C) +, + 양수 ⇨ 대체재

유형1   가가양 + 소소양

오피스텔에 대한 수요의 가격탄력성은 0.8이고 소득탄력성은 0.6이다.
오피스텔 가격이 5% 상승함과 동시에 소득이 변하여 전체 수요량이 2% 증가하였다면,
이 때 소득의 변화율은? (오피스텔은 정상재, 가격탄력성은 절대값, 다른 조건은 동일함)

가격탄력성	0.8	소득탄력성	0.6	
가격변화율	5 ↑	소득변화율	x ↑	
양변화율	−4	양변화율	$0.6x$	전체 : +2

⇨ $-4 + 0.6x = 2$이고, $0.6x = 6$이고, **소득변화율(x)은 10% 증가**

유형2   가가양 + 소소양 + 교가양

아파트에 대한 수요의 가격탄력은 0.5, 소득탄력성은 0.4이고, 오피스텔 가격에 대한 아파트
수요량의 교차탄력성은 0.8이다. 아파트 가격, 아파트 수요자의 소득, 오피스텔 가격이 각각
5%씩 상승할 때, 아파트 전체 수요량의 변화율은? (아파트와 오피스텔은 대체재이며, 아파트에
대한 수요의 가격탄력성은 절댓값으로 나타내며, 다른 조건은 동일함)

가격탄력성	0.5	소득탄력성	0.4	교차탄력성	0.8	
가격변화율	5 ↑	소득변화율	5 ↑	오 · 가격변	5 ↑	
양변화율	−2.5	양변화율	2	양변화율	4	전체 : +3.5

1 가가양 = -2.5%

2 소소양 = 2%

3 교가양 = 4%

4 전체양 = $-2.5\% + 2\% + 4\% = 3.5\%$

12▶ 부동산 경기변동

1) 구분 ⇨ 회복, 상향, 후퇴, 하향 반복 ‖ 별도로 안정국면 존재
2) 유형 ⇨ 순환적, 추세변동, 계절적, 무작위(불규칙) 변동
3) 경기변동특징 ⇨ 불규칙, 불분명, 불명확
4) 경기변동특징 ⇨ 주기가 길고 진폭이 큰 편
5) 경기변동특징 ⇨ 지역별 · 유형별로 다양하고 다름
6) 회복, 상향국면 ⇨ 매도우위, 하한선 [올라갈 땐 도하]
7) 후퇴, 하향국면 ⇨ 매수우위, 상한선 [내려갈 땐 수상]

Q 다음 지문 중 틀린 것을 모두 고르면? [   ]

1 담보인정비율(LTV)이나 총부채상환비율(DTI)규제는 불규칙 변동요인이다.

2 부동산 경기와 일반경기는 동일한 주기와 진폭으로 규칙적으로 순환한다.

3 부동산 경기변동은 일반 경기변동에 비해 정점과 저점 간의 진폭이 큰 편이다.

4 상향국면은 매도자 우위의 시장으로서, 직전국면 저점의 거래사례가격은 현재 시점에서 새로운 거래가격의 하한선이 된다.

5 하향국면은 매수자 우위의 시장으로서, 과거의 사례가격은 새로운 거래가격의 하한이 되는 경향이 있다.

6 후퇴시장 국면에서는 매도자가 주도하는 시장에서 매수자가 주도하는 시장으로 바뀌는 경향이 있다.

13▶ 거미집 이론

1) 공급시차고려 ⇨ 균형 형성과정을 동태적으로 묘사
2) 가격이 변하면 ⇨ 수요량은 즉각, 공급은 일정기간 후 [시차]
3) 공급자 ⇨ 합리적 미래예측 ×
4) 공급이 비탄력 ⇨ 기울기↑, 탄력성↓⇨ 수렴형
5) 공급이 탄력적 ⇨ 기울기↓, 탄력성↑⇨ 발산형
6) 기울기나 탄력성이 같음 ⇨ 순환형

Q 다음 지문 중 틀린 것을 모두 고르면? [   ]

1 수요곡선의 기울기 : −0.7, 공급곡선의 기울기: 0.8 ⇨ 수렴형

2 수요의 가격탄력성의 절대값이 공급의 가격탄력성이 절대값보다 클 때 ⇨ 수렴형

3 A시장 : $Qd = 100- P$, $2Qs = -10+P$ ⇨ 수렴형

4 B시장 : $Qd = 500-2P$, $2Qs = 50+4P$ ⇨ 수렴형

5 C시장 : $Qd = 100-P$, $Qs = 40+2P$ ⇨ 발산형

14▶ 주택시장분석

▶ **이론1 주택여과현상**

1) 여과현상 ⇨ 주택의 질적변화, 소득변화 ⇨ 연쇄적 주거이동

2) 하향여과 ⇨ 하(저소득층)로 전환

3) 상향여과 ⇨ 상(고소득층)으로 전환 by 재개발, 재건축

4) 여과의 전제조건 ⇨ 충분한 공가(空家)

5) 여과의 효과 ⇨ 주거의 질적개선, 저가주택 공급↑

Q 다음 지문 중 틀린 것을 모두 고르면? [   ]

1 여과과정은 주택의 질적 변화 및 수요자의 소득변화에 따른 연쇄적 가구이동 현상이다.

2 고소득층 주택의 개량비용이 개량 후 주택가치의 상승분보다 크다면 상향여과과정이 발생하기 쉽다.

3 상위계층에서 사용되는 기존주택이 하위계층에서 사용되는 것을 하향여과라 한다.

4 저급주택이 수선되거나 재개발되어 상위계층에서 사용되는 것을 상향여과라고 한다.

5 공가(空家)는 여과의 중요한 전제조건이다.

Q 다음 지문 중 틀린 것을 모두 고르면? [   ]

1 주거분리는 소득에 따라 주거지역이 지리적으로 나뉘는 현상이다.

2 주거분리현상은 정(+)의 외부효과를 추구하고, 부(−)의 외부효과를 회피하려는 동기에서 비롯된다.

3 고소득층 주거지와 저소득층 주거지가 인접한 경우, 경계지역 부근의 저소득층 주택은 할증되어 거래되고, 고소득층 주택은 할인되어 거래된다.

4 주택의 하향여과 과정이 원활하게 작동하면 저급주택의 공급량이 감소한다.

5 주거분리 현상은 도시 전체뿐만 아니라 지리적으로 인접한 근린지역에서도 발생할 수 있다.

6 저소득가구의 침입과 천이 현상으로 인하여 주거입지의 변화가 야기될 수 있다.

15▶ 효율적 시장

▶ **효율적 시장이론**

1) 효율적 시장 ⇨ 정보가 얼마나 지체없이 가치에 반영?

2) 약성 효율적 ⇨ 과거 반영〇 ‖ 현재, 미래✕

3) 준강성 효율적 ⇨ 과거 + 현재 반영〇 ‖ 미래✕

4) 강성 효율적 ⇨ 공표된 정보〇 + 공표되지 않은 정보〇

5) 기술적 분석 ⇨ 과거 분석 ‖ 기본적 분석 ⇨ 현재 분석

6) 준강성 효율적 ⇨ 공표된 정보분석 ⇨ 초과이윤✕

7) 준강성 효율적 ⇨ 공표되지 않은 정보분석 ⇨ 초과이윤〇

8) 강성 효율적 ⇨ 어떠한 정보로도 초과이윤 발생하지✕ [강성 · 초과 · 없다]

9) 할당 효율적 ⇨ 자원배분 효율적 할당 ⇨ 왜곡✕, 초과이윤✕, 될 수〇

Q 다음 지문 중 틀린 것을 모두 고르면? [   ]

1 약성 효율적 시장에서는 과거자료를 분석하여 정상을 초과하는 이윤을 획득할 수 없다.

2 부동산 시장이 준강성 효율적 시장일 때 새로운 정보는 공개되는 즉시 시장에 반영된다.

3 준강성효율적 시장은 공표된 것이건 그렇지 않은 것이건 어떠한 정보도 이미 가치에
   반영되어 있는 시장이다.

4 준강성 효율적 시장은 공식적으로 이용가능한 정보를 기초로 기본적 분석을 하여
   투자하면 초과이윤을 얻을 수 있다.

5 강성 효율적 시장에서는 정보를 이용하여 초과이윤을 얻을 수 없다.

6 부동산 시장은 불완전경쟁시장이더라도 할당 효율적 시장이 될 수 없다.

16▶ 지대이론

▶ **이론1 농업지대이론**

1) 리카도의 차액지대설
    ① 비옥도 [질적차이]
    ② 비옥한 토지의 희소성, 수확체감의 법칙
    ③ 한계지(최열등지) 지대✕ ⇨ 무(無)지대
    ④ 지대 ⇨ 잉여 [가격 − 생산비]

2) 마르크스의 절대지대설
    ① 소유, 사유화
    ② 한계지(최열등지) ⇨ 지대○

3) 튀넨의 위치지대설
    ① 위치(접근성) 차이 ⇨ 수송비 차이
    ② 동심원이론 (고립국이론)
    ③ 농업의 위치경쟁 [입찰지대] ⇨ 도심 : 집약 , 외곽 : 조방

Q 다음 지문 중 틀린 것을 모두 고르면? [**]**

1 리카도는 비옥한 토지량의 제한, 수확체감의 법칙의 작동을 지대발생의 원인으로 보았다.

2 리카도에 의하면 조방적 한계의 토지는 무지대(無地代) 토지가 된다.

3 리카도에 의하면 지대는 잉여이기에 생산물의 가격이 높아지면 지대가 높아진다.

4 마르크스에 따르면 토지소유자는 소유라는 독점적 지위를 이용하여 최열등지에서도
   지대를 요구한다.

5 튀넨에 의하면 토지의 비옥도가 동일하더라도 중심도시와의 접근성 차이에 의해 지대의
   차이가 발생한다.

6 튀넨에 의하면 농업활동의 입지경쟁 과정에서 토지이용이 할당되어 지대가 결정되는데,
   이를 입찰지대라 한다.

7 튀넨에 의하면 중심지에 가까울수록 조방 농업이 입지하게 된다.

▶ **이론2 도시 및 현대지대이론**

1) **알론소의 입찰지대설**
   ① 튀넨의 농업입지경쟁 ⇨ 도시에 적용
   ② 입찰지대 : 지불하고자 하는 최대금액 ⇨ 초과이윤 0
   ③ 토지할당 ⇨ 지대지불능력이 최대 [순현가 최대]

2) **마샬의 준지대**
   ① 토지이외 단기적으로 공급이 고정된 고정생산요소 대가
   ② 기계, 기구, 설비이윤 ⇨ 영구적 ×

3) **파레토 지대**
   ① 지대(총수입) = 전용수입 + 경제지대
   ② 전용수입 ⇨ 지급되어야 하는 최소수준
   ③ 경제지대 ⇨ 총수입 − 전용수입 ⇨ 공급자 잉여

4) **헤이그의 마찰비용이론**
   ① 마찰비용 = 교통비 + 지대
   ② 교통수단이 좋으면 ⇨ 교통비↓ , 지대↑

Q 다음 지문 중 틀린 것을 모두 고르면? [   ]

1 알론소의 입찰지대이론은 튀넨의 농업입지경쟁 모델을 도시에 적용시킨 모델이다.

2 알론소의 입찰지대곡선은 여러 지대곡선 중 가장 높은 부분을 연결한 우하향하는 포락선이다.

3 준지대는 단기적으로 공급량이 일정한 생산요소에 지급되는 소득으로 다른 조건이 동일하다면 영구적으로 지대의 성격을 가진다.

4 준지대는 생산을 위하여 사람이 만든 기계나 기구들로부터 얻는 소득이다.

5 토지에 대한 개량공사로 인해 추가적으로 발생하는 일시적인 소득도 준지대에 포함된다.

6 파레토에 따르면 어떤 생산요소가 다른 용도로 전용되지 않고 현재 용도에 그대로 사용되도록 지급하는 최소한의 지급액을 경제지대라고 한다.

7 헤이그의 마찰비용이론에서 지대는 마찰비용과 교통비의 합으로 산정된다.

17▶ 입지 및 상권이론

> ▶ **이론1 공업입지, 상업입지이론**
>
> **1) 베버의 최소비용이론**
>   ① 공급자 관점 ⇨ 최소 운송비, 최소 노동비, 집적이익 최대
>   ② 등비용선 고려 ⇨ 추가 운송비 부담액이 동일한 지점연결
>   ③ 원료와 제품의 무게 및 수송거리에 따라 운송비 결정
>   ④ 원료지향형 ⇨ 중량감소산업, 국지원료, 원료지수>1, 입지중량>2
>
> **2) 뢰쉬의 최대수요이론**
>   ① 수요자 관점 ⇨ 시장의 확대가능성 중시
>
> **3) 크리스탈러의 중심지 이론**
>   ① 재화의 도달범위, 최소요구범위 ⇨ 중심지 계층구조
>   ② 정상이윤 범위 ⇨ 최소요구범위
>   ③ 최대 영향범위 ⇨ 재화의 도달범위 ⇨ 수요가 0이 되는 지점
>   ④ 성립요건 ⇨ 최소요구범위 〈 재화의 도달범위 [채소가 도다리내]

Q 다음 지문 중 틀린 것을 모두 고르면? [   ]

1 베버에 의하면 최적 공장입지는 최소운송비 지점, 최소노동비 지점, 집적이익이 발생하는 구역을 종합적으로 고려하여 결정된다.

2 베버의 이론에서 최소운송비 지점으로부터 입지를 변경할 때, 노동비의 부담액이 동일한 지점을 연결한 것이 등비용선이다.

3 베버에 의하면 국지원료의 중량이 제품중량보다 클 경우 시장지향형 입지를 선호한다.

4 베버의 이론에 따르면 원료지수가 1보다 크거나 입지중량이 2보다 크면 원료지향형 입지를 선호한다.

5 뢰쉬는 수요측면의 입장에서 시장확대 가능성이 가장 높은 지점을 최적 입지로 보았다.

6 크리스탈러에 따르면 중심지란 배후지에 재화와 서비스를 공급하는 지역이다.

7 최소요구범위란 중심지 기능이 유지되기 위한 최소한의 수요요구 범위를 의미한다.

8 재화의 도달범위는 중심지로부터 해당 재화의 수요가 최대가 되는 지점을 의미한다.

9 중심지가 성립되기 위해서는 최소요구범위가 재화의 도달범위내에 있어야 한다.

▶ **이론2 상권이론**

1) 레일리의 소매인력법칙
① 만유인력 법칙을 응용 ⇨ 중심지의 상호작용
② 유인력 ⇨ 크기에 비례, 거리의 제곱에 반비례
③ 상권의 경계 ⇨ 도시 규모가 작은 쪽에 가깝게 형성

2) 컨버스의 분기점 모형 ⇨ 상권의 분기점, 경계점 산정

3) 허프의 확률모형
① 상권의 규모, 점포의 매출액 산정 ⇨ 확률론적 관점
② 점포선택 : 거리, 경쟁점포의 수, 면적에 따라 달라짐
③ 시간거리, 효용강조 ⇨ 마찰계수(접근성) 고려
④ 교통과 물건에 따라 다름 ⇨ 전문품일수록 마찰계수⇩

4) 넬슨의 소매입지이론 ⇨ 최대매출 입지선정 원칙

Q 다음 지문 중 틀린 것을 모두 고르면? [   ]

1 레일리(W.Reilly)에 따르면 두 개 도시의 상거래 흡인력은 두 도시의 인구에 비례하고,
두 도시의 분기점으로부터 거리의 제곱에 반비례한다.

2 컨버스는 두 소매 시장간 상권의 경계지점을 확인할 수 있도록 소매중력모형을 수정하였다.

3 레일리는 소비자들의 특정 상점의 구매를 설명할 때 실측거리, 시간거리, 매장규모와
같은 공간요인뿐만 아니라 효용이라는 비공간요인도 고려하였다.

4 허프에 따르면 교통조건이 나쁠 경우, 공간(거리)마찰계수가 커지게 된다.

5 허프에 의하면 전문품점의 경우는 일상용품점보다 공간(거리)마찰계수가 크다.

6 넬슨은 특정 점포가 최대 이익을 얻을 수 있는 매출액을 확보하기 위해서 어떤 장소에
입지하여야 하는지를 제시하였다.

▶ **레일리의 소매인력법칙 [거리^2 적용] ⇨ A유인력 : B유인력 (몇 대 몇?)**

1 레일리의 소매중력모형에 따라 C신도시의 소비자가 A도시와 B도시에서 소비하는 월 추정 소비액은 각각 얼마인가? (단, C도시의 인구는 모두 소비자, A, B도시에서만 소비)

- A도시 인구: 80,000명, B도시 인구: 75,000명
- C신도시: A도시와 B도시 사이에 위치
- A도시와 C신도시 간의 거리: 4km
- A도시와 C신도시 간의 거리: 5km
- C신도시 소비자의 잠재 월 추정소비액 : 16억원

① A:4억 , B:12억   ② A:8억 , B:8억   ③ A:10억, B:6억
④ A:12억 , B:4억   ⑤ A:14억 , B:2억

▶ **허프의 확률이론 [거리^{마찰계수} 적용] ⇨ O점포의 이용확률 및 매출액 산정**

1 허프 모형을 활용하여, X지역의 주민이
   할인점 C를 방문할 확률과 할인점 C의 월 추정매출액을 순서대로 나열하면?

- X지역의 현재 주민: 8,000명
- 1인당 월 할인점 소비액: 50만원
- 공간마찰계수: 2
- X지역의 주민은 모두 구매자이고, A, B, C 할인점에서만 구매한다고 가정함

구분	할인점A	할인점B	할인점C
면적	800m^2	360m^2	1280m^2
x지역으로부터 거리	4km	6km	8km

18 ▶ 도시내부구조이론

1) **버제스의 동심원이론**
   ① 단핵이론 : 도시생태학적 관점 ⇨ 침입, 경쟁, 천이 과정
   ② 5지대 분화 : 중심 ⇨ 천이(점이) ⇨ 근로 ⇨ 중산 ⇨ 통근자 지대
   ③ 천이지대 ⇨ 중심업무지대와 근로자주택 사이, 도심 안쪽(근거리)

2) **호이트의 선형이론**
   ① 단핵이론 : 교통망, 도로망을 따라 부채꼴(선형, 쐐기형)로 확대

3) **해리스와 울만의 다핵심이론**
   ① 여러개의 전문화된 핵
   ② 동종 = 유사 = 집중 = 집적 = 양립
   ③ 이종 = 이질 = 산재 = 분산 = 비양립

Q 다음 지문 중 틀린 것을 모두 고르면? [   ]

1 버제스는 도시의 공간구조를 침입, 경쟁, 천이의 도시생태학적 관점에서 접근하였다.

2 동심원이론에 따르면 점이지대는 중심업무지구와 저소득층 주거지대 사이에 위치한다.

3 버제스의 이론에 따르면 점이지대는 고소득층 주거지역보다 도심에서 멀리 위치한다.

4 호이트의 선형이론에 따르면 도시공간구조의 성장과 분화는 주요 교통축을 따라 부채꼴
   모양으로 확대되면서 나타난다.

5 해리스와 울만에 따르면 도시공간구조는 하나의 중심이 아니라 몇 개의 분리된 중심이
   점진적으로 성장되면서 전체적인 도시가 형성된다는 이론이다.

6 해리스와 울만에 의하면 유사한 도시활동은 집적으로부터 발생하는 이익 때문에
   집중하려는 경향이 있다.

7 해리스와 울만에 따르면 서로 다른 도시활동 중에서 집적 불이익이 발생하는 경우가
   있는데, 이러한 활동은 상호 분리되는 경향이 있다.

19 ▶ 시장실패와 정부개입

▶ **이론1 시장실패**

1) 시장실패 : 자원의 효율적 배분 실패

2) 공공재, 외부효과, 정보의 비대칭, 재화의 이질성등

3) 공공재 ⇨ 비경합성, 비배제성, 무임승차, 과소생산(이하)

4) 외부효과 ⇨ 제3자에게, 의도×, 시장×, 후생에 영향, 보상×

정의 외부효과	부의 외부효과
사적비용↑, 사회적편익↑	사회적비용↑, 사적편익↑
과소공급 문제	과잉공급 문제
PIMFY 초래	NIMBY 유발

▶ **이론2 정부의 개입 [직접 vs 간접]**

1) 직접적 개입 : 정부의 수급역할

2) 간접적 개입 : 정부의 수급조절
   ⇨ [보조금, 조세, 금융, 개발부담금, 공시]

공영개발	직	환지방식	직	공공토지비축	직
금융지원	간	개발부담금	간	공공임대주택	직
종합부동산세	간	취득세	간	보조금	간
가격공시제도	간	대부비율(LTV)	간	총부채상환비율(DTI)	간

1   토지은행, 수용방식, 환지방식의 개발은 모두 직접적 개입방식이다.

2   표준지공시지가, 주택 바우처, 총부채원리금상환비율(DSR)은 모두 간접적 개입방식이다.

20▶ 토지정책

▶ **토지1 지역지구제 [용도지역지구제]**

1) 의의 ⇨ 토지이용계획을 구현하는 법적, 행정적 규제

2) 목적 ⇨ 부의 외부효과 제거, 후생손실 완화

3) 용도지역 ⇨ 토지이용 효율화, 공공복리증진

4) 용도지역 구분 ⇨ 도시, 관리, 농림, 자연환경보전지역

5) 도시지역 ⇨ 주거, 상업, 공업, 녹지지역

6) 지구단위계획 ⇨ 토지이용 합리화, 기능증진, 미관개선, 양호한 환경 [도시·군관리]

▶ **토지2 개발권양도제 [개발권이전제]**

1) 의의 ⇨ 규제지역 토지소유자에 대한 손실보상책

2) 보상 ⇨ 소유권에서 개발권 분리 ⇨ 개발권을 양도

3) 보상방법 ⇨ 시장을 통해서 양도 ⇨ 정부개입 최소화

4) 특징 ⇨ 현재 우리나라에선 미실시

▶ **토지3 공공토지비축제도 [토지은행]**

1) 의의 ⇨ 공익사업의 원활한 시행, 토지시장 안정

2) 특징 ⇨ 미개발 토지를 매입·비축·공급 ⇨ 직접적 개입

3) 한국토지주택공사(LH)가 매입·비축 및 관리

▶ **토지4 개발이익환수제 [개발부담금]**

1) 의의 : 개발사업과정의 불로소득을 환수

2) 개발이익환수에 관한 법률에 따라 토지의 개발이익 환수

3) 개발이익 ⇨ 개발과정의 정상지가상승분의 초과이익 환수

4) 토지 : 개발이익환수에 관한 법률 ⇨ 개발부담금 징수

5) 주택 : 재건축초과이익환수에 관한 법률 ⇨ 재건축부담금 징수 [재개발×]

▶ **토지5 토지적성평가**

1) 의의 ⇨ 토지에 대한 개발과 보전이 경합시 이를 합리적으로 조정

2) 토양, 입지, 활용가능성 등을 사전적으로 평가

▶ **토지6 부동산거래신고제도 [신고]**

1) 매매계약체결시 ⇨ 계약 체결일로부터 30일이내 시군구청장에게

▶ **토지7 토지거래허가구역 [허가]**

1) 대상 ⇨ 투기거래성행, 지가가 급격히 상승하는 지역

2) 지정권 ⇨ 국토교통부장관 및 시·도지사 [5년이내]

3) 허가권 ⇨ 시장·군수·구청장의 허가

▶ **토지8 토지선매제도 [선매]**

1) 공익사업용 토지등에 대해 국가·지자체·LH등을 선매자로 지정

2) 해당 토지를 매수[수용×]하게 하는 제도

Q 다음 지문 중 틀린 것을 모두 고르면? [   ]

1 지역지구제를 통해 토지 이용에 수반되는 부(−)의 외부효과를 제거 또는 감소시킬 수 있다.

2 국토의 계획 및 이용에 관한 법령상 지구단위계획은 도시·군기본계획에 포함된다.

3 개발권양도제란 개발제한으로 인해 규제되는 보전지역에서 발생하는 토지소유자의 손실을 보전하기 위한 제도이다.

4 토지비축사업은 토지를 사전에 비축하여 장래 공익사업의 원활한 시행과 토지시장의 안정에 기여될 수 있다.

5 공공토지비축제도는 공익사업용지의 원활한 공급과 토지시장의 안정에 기여하는 것을 목적으로 한다.

6 정부는 한국토지주택공사를 통하여 토지비축업무를 수행할 수 있다.

7 개발부담금제도는 개발사업의 시행으로 이익을 얻은 사업 시행자로부터 불로소득적 증가분의 일정액을 환수하는 제도다.

8 개발이익환수제에서 개발이익은 개발사업의 시행에 의해 물가상승분을 초과해 개발사업을 시행하는 자에게 귀속되는 지가 상승이익을 의미한다.

9 현재 우리나라에서는 도시 및 주거환경정비법에 따라 재건축부담금 제도가 시행중이다.

10 토지거래허가제는 토지에 대한 개발과 보전의 문제가 발생했을 때 이를 합리적으로 조정하는 제도이다.

11 부동산거래신고는 부동산 거래신고에 관한 법령에 따라 거래당사자가 매매계약을 체결한 경우 잔금지급일로부터 30일 이내에 신고하는 제도이다.

12 토지거래계약에 관한 허가구역은 토지의 투기적인 거래가 성행하거나 지가가 급격히 상승하는 지역을 대상으로 지정될 수 있다.

13 토지거래허가구역으로 지정된 지역에서 토지거래계약을 체결할 경우 시장·군수 또는 구청장의 허가를 받아야 한다.

14 토지선매는 시장·군수·구청장이 토지거래계약허가를 받아 취득한 토지를 그 이용목적대로 이용하고 있지 아니한 토지에 대해서 선매자에게 강제로 수용하게 하는 제도이다.

21▶ 임대주택정책

▶ **임대1 임대료상한제 [규제]**

  1) 의의 : 균형가격 이하로 임대료(비율) 제한 [전월세상한제]

  2) 가격규제 ⇨ 초과수요 및 공급부족

  3) 신규 임차인 ⇨ 주택 구하기 어려워짐

  4) 기존 임차인 ⇨ 주거이동 저하

  5) 임대인 ⇨ 임대주택 투자저하, 질적저하, 공급감소[위축]

▶ **임대2 임대료보조제**

  1) 수요자(소비자)보조 ⇨ 주택 바우처, 주거급여

  2) 공급자(생산자)보조 ⇨ 공공임대주택 공급

  3) 수요자(소비자)보조 ⇨ 자유로운 주거선택, 효용↑

  4) 공급자(생산자)보조 ⇨ 주거선택 제한될 수 있음

▶ **임대3 공공임대주택**

  1) 시장보다 낮은 가격으로 직접 공급

  2) 공공임대주택 특별법에 따른 주택분류

    ① 영구임대 최저계층, 50년이상 ⇨ 영구임대

    ② 저소득 서민, 30년 이상임대 ⇨ 국민임대

    ③ 대학생, 사회초년생, 신혼부부 ⇨ 행복주택

    ④ 전세계약 방식으로 공급 ⇨ 장기전세주택

    ⑤ 최저, 저소득, 젊은층, 장애인등등 ⇨ 통합공공임대

  3) 민간임대주택 특별법에 따른 분류

    ① 민간건설임대, 민간매입임대주택등

    ② 공공지원민간임대 ⇨ 10년이상 임대차하기로 계약

1 균형보다 낮은 임대료 규제는 임대부동산의 공급 축소와 질적 저하를 가져올 수 있다.

2 임대료 보조정책은 장기적으로 임대주택의 공급을 증가시킬 수 있다.

3 주택 바우처는 소비자 보조방식의 일종으로 임차인의 주거지 선택을 용이하게 할 수 있다.

4 공공임대주택 공급정책은 입주자가 주거지를 자유롭게 선택할 수 있는 것이 장점이다.

5 국가나 지자체의 재정이나 주택도시기금의 자금을 지원받아 대학생, 사회초년생, 신혼부부 등 젊은 층의 주거안정을 목적으로 공급하는 공공임대주택을 국민임대주택이라고 한다.

6 장기전세주택은 국가나 지자체의 재정이나 주택도시기금의 자금을 지원받아 전세계약의 방식으로 공급하는 공공임대주택을 말한다.

7 현재 우리나라에서는 공공주택특별법상 공공지원민간임대주택을 공급하고 있다.

8 국가나 지방자치단체의 재정이나 주택도시기금의 자금을 지원받아 최저소득 계층, 저소득 서민, 젊은 층 및 장애인·국가유공자 등 사회 취약계층 등의 주거안정을 목적으로 공급하는 공공임대주택을 통합공공임대주택이라고 한다.

9 민간임대주택에 관한 특별법에 따른 임대사업자가 매매 등으로 소유권을 취득하여 임대하는 민간임대주택을 민간매입임대주택이라고 한다.

22 ▶ 분양주택정책

> ▶ **분양1 분양가상한제 by 주택법**
>
> 1) 의의 ⇨ 신규주택구입 부담감소
>
> 2) 효과 ⇨ 구매부담↓, 신규공급위축, 가수요↑
>
> 3) 주택법상 분양가상한제
>   ① 공공택지, 민간택지 모두 적용가능
>   ② 도시형생활주택 미적용
>   ③ 분양가상한제 적용시 ⇨ 전매제한 가능

Q 다음 지문 중 틀린 것을 모두 고르면? [   ]

1 정부가 주택가격 안정을 목적으로 신규주택의 분양가를 규제할 경우, 신규주택 공급량이 감소하면서 사회적 후생 손실이 발생할 수 있다.

2 주택법령상 사업주체가 일반인에게 공급하는 공동주택 중 공공택지에서 공급하는 도시형 생활주택은 분양가상한제를 적용한다.

3 주택법령상 분양가상한제 적용주택의 분양가격은 택지비와 건축비로 구성된다.

4 주택법령상 분양가상한제 적용주택 및 그 주택의 입주자로 선정된 지위에 대하여 전매를 제한할 수 있다.

▶ 분양2 선분양 및 후분양

  1) 선분양 [공급자 분양]
     ① 초기) 건설자금조달 용이 ⇨ 공급 활성화
     ② 비교구매 어려움, 품질저하 우려, 가수요

  2) 후분양 [소비자 분양]
     ① 부실공사 및 품질저하 대처 유리
     ② 주택 공급위축 우려

Q 다음 지문 중 틀린 것을 모두 고르면? [   ]

1 후분양제도는 초기 주택건설자금의 대부분을 주택 구매자로부터 조달한다.

2 선분양제도는 분양권 전매를 통한 가수요 발생에 대한 우려가 있다.

3 후분양제는 선분양제보다 소비자 입장에서 부실시공 및 품질저하에 대처하기 유리하다.

\# 미실시정책 #택지소유상한 #토지초과이득세 #개발권양도제
23▶ 현재 실시중 (by 법률)

▶ 미실시 ⇨ **택지소유상한제, 토지초과이득세, 개발권양도제, 재개발부담금**

[보 기]

(1) 전·월세 상한제 ː [실시 vs 미실시]	(7) 택지소유상한제 ː [실시 vs 미실시]
(2) 종합부동산세 ː [실시 vs 미실시]	(8) 분양가상한제 ː [실시 vs 미실시]
(3) 토지거래허가구역 ː [실시 vs 미실시]	(9) 재건축부담금제 ː [실시 vs 미실시]
(4) 토지초과이득세 ː [실시 vs 미실시]	(10) 실거래가신고제 ː [실시 vs 미실시]
(5) 공공토지비축제도 ː [실시 vs 미실시]	(11) 개발부담금제 ː [실시 vs 미실시]
(6) 재개발초과이익환수 ː [실시 vs 미실시]	(12) 개발권이전제(TDR) ː [실시 vs 미실시]

Q 다음 지문 중 틀린 것을 모두 고르면? [   ]

1 부동산 거래신고등에 관한 법률에 따라 실거래가 신고제도가 시행중이다.

2 개발이익환수에 관한 법률에 따라 개발부담금제가 시행중이다.

3 주택법에 따라 투기과열지구가 지정되고 있다.

4 국토의 계획 및 이용에 관한 법률에 따라 개발권양도제가 시행중이다.

5 도시 및 주거환경정비법상 재건축부담금제도가 시행중이다.

6 부동산 실권리자명의 등기에 관한 법률에 따라 부동산 실명제가 시행중이다.

#취득보유처분 #국세_지방세 #양도세 #전가_귀착

24 ▶ 조세정책

▶ **조세1 조세의 구분**
  1) 상속세, 증여세 ⇨ 취득단계 · 국세
  2) 취득세, 등록면허세 ⇨ 취득단계 · 지방세
  3) 종합부동산세 ⇨ 보유단계 · 국세
  4) 재산세 ⇨ 보유단계 · 지방세
  5) 양도소득세 ⇨ 양도단계 · 국세

Q 다음 지문 중 틀린 것을 모두 고르면? [   ]

1 증여세는 국세로서 취득단계에 부과하는 조세이다.

2 종합부동산세는 국세로서 보유단계에 보유하는 조세이다.

3 재산세는 지방세로서 취득단계에 부과하는 조세이다.

4 양도소득세와 부가가치세는 국세에 속한다.

5 취득세와 등록면허세는 지방세에 속한다.

6 상속세와 재산세는 부동산의 취득단계에 부과한다.

7 증여세와 종합부동산세는 부동산의 보유단계에 부과한다.

▶ **조세2 전가와 귀착**

  1) 탄력성이 낮을수록 = 비탄력적 ⇨ 조세부담↑

  2) 완전비탄력적 ⇨ 100% 부담

▶ **조세3 양도소득세 중과**

  1) 양도소득세 중과 ⇨ 처분을 미루고, 보유기간이 길어짐

  2) 양도소득세 중과 ⇨ 동결효과 ⇨ 공급감소 ⇨ 가격상승

Q 다음 지문 중 틀린 것을 모두 고르면? [   ]

1 공급의 탄력성이 수요의 탄력성보다 크다면 조세부과시 임차인의 부담이 더 크다.

2 수요가 비탄력적, 공급이 탄력적이라면 조세부과시 수요자의 부담이 더 커진다.

3 공급이 완전비탄력적일 때 조세가 부과되면 전부 임대인이 부과하게 된다.

4 양도소득세의 중과는 부동산 보유자로 하여금 매각을 앞당기게 하는 동결효과
   (lock-in effect)를 발생시킬 수 있다.

5 양도소득세를 중과하면 부동산의 보유기간이 늘어나는 현상이 발생할 수 있다.

▶ **조세4 헨리조지의 토지단일세**

  토지세를 제외한 다른 모든 조세를 없애고 정부 재정은 토지세만으로 충당하자!

25 ▶ 부동산 투자

▶ 투자1 부동산 투자의 특징

1) 인플레이션 햇지(hedge) ⇨ 구매력 하락을 방어
2) 영속성 ⇨ 가치보존력 높음
3) 세금공제 ⇨ 감가, 이자에 대한 비용인정
4) 타인자본 활용 ⇨ 레버리지(leverage)

▶ 투자2 레버리지(leverage) 효과

1) 타인자본 활용 ⇨ 자기자본수익률에 미치는 효과
2) 정의 레버리지 ⇨ 자기(지분)↑ , 타인(저당수익률)↓
3) 부의 레버리지 ⇨ 타인(저당수익률)↑ , 자기(지분)↓
4) 중립적 레버리지 ⇨ 동일, 변하지×, 영향×

Q 다음 지문 중 틀린 것을 모두 고르면? [   ]

1 부동산은 인플레이션 상황에서 화폐가치 하락에 대한 방어수단으로 이용될 수 있다.

2 부동산은 실물자산의 특성과 토지의 영속성으로 인해 가치보존력이 양호한 편이다.

3 부동산 투자자는 저당권과 전세제도 등을 통해 레버리지를 활용할 수 있다.

4 정(+)의 레버리지효과는 자기자본수익률이 총자본수익률보다 낮을 때 발생한다.

5 부(−)의 레버리지효과는 저당수익률이 총자본수익률보다 클 때 발생한다.

6 총자본수익률과 저당수익률이 동일한 경우 부채비율의 변화는 자기자본수익률에 영향을 미치지 못한다.

7 타인자본의 이용으로 레버리지를 활용하면 위험이 감소된다.

1 투자에서 (ㄱ) 타인자본을 50% 활용하는 경우와
   (ㄴ) 타인자본을 활용하지 않는 경우, 1년간 자기자본수익률을 산정하면?

> · 부동산 매입가격: 2억원
> · 1년 후 부동산 처분
> · 순영업소득(NOI): 연 500만원(기간 말 발생)
> · 보유기간 동안 부동산 가격 상승률: 연 5%
> · 대출조건: 이자율 연 4%, 대출기간 1년, 원리금은 만기일시상환

① A:4억 , B:12억　　② A:8억 , B:8억　　③ A:10억, B:6억
④ A:12억 , B:4억　　⑤ A:14억 , B:2억

(ㄱ) 타인자본 50% 활용		(ㄴ) 활용하지 않은 경우	
▪ 융자 : 2억원 × 50% = 1억원 ▪ 지분 : 1억원		▪ 융자 : 0원 ▪ 지분 : 2억원	
총수입	순영업 : 500만원 집값 : 2억×5%= 1000만 = 1500만원	총수입	순영업 : 500만원 집값 : 2억×5%= 1000만 = 1500만원
− 이자비용	이자 : 1억×4% = 400만	− 이자비용	이자 = 0원
÷ 지분투자	÷ 1억원	÷ 지분투자	÷ 2억원
지분수익률	$\dfrac{1500만원 - 400만원}{1억원}$ 11%	지분수익률	$\dfrac{1500만원 - 0원}{2억원}$ 7.5%

26 ▶ 부동산 투자위험

> ▶ **부동산 투자의 위험**
>
> 1) 측정 ⇨ 분산, 표준편차, 변이계수 ⇨ 위험
>
> 2) 사업상 위험 ⇨ 수익성 악화
>
> 3) 금융적 위험 ⇨ 채무불이행 위험
>
> 4) 인플레이션 위험 ⇨ 구매력하락 위험
>
> 5) 유동성 위험 ⇨ 현금화, 환금성 위험

Q 다음 지문 중 틀린 것을 모두 고르면? [   ]

1 투자위험은 분산 및 표준편차로 측정할 수 있다.

2 표준편차가 작을수록 투자에 수반되는 위험은 커진다.

3 변이계수(변동계수)는 수익 한 단위당 위험으로, 값이 클수록 위험한 투자안이다.

4 대상 부동산을 원하는 시기와 가격에 현금화하지 못하는 것을 유동성 위험이라고 한다.

5 부동산 투자위험에는 전반적인 물가상승으로 인해 발생하는 구매력 하락위험이 있다.

6 장래에 인플레이션이 예상되는 경우 대출기관은 고정금리로 대출하기를 선호한다.

7 부채가 증가함에 따라 원금과 이자에 대한 채무불이행의 가능성이 높아지는데,
   이를 금융적 위험이라고 한다.

27▶ 부동산 투자 수익률

▶ **수익률1 수익률 구분**

  1) 기대수익률 ⇨ 예상, 가중평균(계산)

  2) 요구수익률 ⇨ 최소, 필수, 기회비용

  3) 실현수익률 ⇨ 사후적

▶ **수익률2 요구수익률**

  1) 산정 ⇨ 무위험률 + 위험할증률

  2) 무위험률(예금금리등)↑ ⇨ 요구수익률↑

  3) 위험↑ ⇨ 할증↑ ⇨ 요구수익률↑

▶ **수익률3 투자채택기준**

  1) 채택 ⇨ 기대가 크거나, 요구가 작을 때

Q 다음 지문 중 틀린 것을 모두 고르면? [　　　　　　　　　　]

1 기대수익률은 투자로 인해 예상수입과 예상지출로부터 계산되는 수익률이다.

2 실현수익률은 투자에 대한 위험이 주어졌을 때, 투자자가 투자부동산에 대하여 자금을 투자하기 위해 충족되어야 할 최소한의 수익률을 말한다.

3 무위험(수익)률의 하락은 투자자의 요구수익률을 하락시키는 요인이다.

4 시중금리 상승은 부동산 투자자의 요구수익률을 하락시키는 요인이다.

5 투자안의 위험이 커질수록 위험할증률이 커지고 요구수익률이 증가한다.

6 투자안이 채택되기 위해서는 요구수익률이 기대수익률보다 작아야 한다.

7 기대수익률이 요구수익률보다 높을 경우 투자가치가 있는 것으로 판단한다.

28▶ 위험의 처리 및 관리

▶ **위험의 처리 및 관리**

1) 보수적 예측 ⇨ 수익의 하향↓ ⇨ 기대수익률↓
2) 위험조정할인율 ⇨ 요구수익률 상향↑(높임, 더함)
3) 민감도 분석 ⇨ 투입요소의 변화에 따른 수익성 예측

Q 다음 지문 중 틀린 것을 모두 고르면? [   ]

1 보수적 예측은 투자수익의 추계치를 상향조정하는 방법이다.

2 위험조정할인율은 장래 수익을 현재가치로 환원할 때 위험에 따라 조정된 할인율이다.

3 위험조정할인율을 적용하는 방법으로 장래 기대되는 소득을 현재가치로 환산하는 경우,
위험한 투자안일수록 낮은 할인율을 적용한다.

4 민감도 분석을 통해 투입요소의 변화가 그 투자안의 내부수익률에 미치는 영향을 분석할
수 있다.

5 민감도 분석을 통해 미래의 투자환경 변화에 따른 투자가치 영향을 검토할 수 있다.

6 재무적 사업타당성분석에서 사용했던 주요 변수들의 투입 값을 낙관적, 비관적 상황으로
적용하여 수익성을 예측하는 분석을 민감도 분석이라고 한다.

29 ▶ 최적 투자안의 선택

▶ **시장전체 : 평균-분산 지배원리**

　1) 평균(수익률)은 높을수록, 분산(위험)은 낮을수록 유리

▶ **시장의 최적조합 : 효율적 투자전선(프런티어)**

　1) 의미 ⇨ 동일 위험선상 최고의 수익 연결선 [우상향]

　2) 최적선택 ⇨ 무차별곡선과 효율적 프런티어의 접점

▶ **개인의 최적조합 : 무차별곡선**

　1) 의미 ⇨ 동일한 효용을 주는 투자대안 연결선

　2) 특징 ⇨ 위험회피도가 높을수록(보수적) ⇨ 기울기 급해짐

▶ **최고의 투자안 : 효율적 투자전선과 무차별곡선과의 접점**

Q 다음 지문 중 틀린 것을 모두 고르면? [　　　　　　　　　　]

1　평균-분산 지배원리에 의하면 두 자산의 기대수익률이 동일한 경우, 상대적으로
　　표준편차가 높은 투자안의 유리하다.

2　효율적 프론티어(효율적 전선)란 평균-분산 지배원리에 의해 모든 위험수준에서
　　최대의 기대수익률을 얻을 수 있는 포트폴리오의 집합을 말한다.

3　효율적 프론티어(효율적 전선)의 우상향에 대한 의미는
　　투자자가 높은 수익률을 얻기 위해 많은 위험을 감수하는 것이다.

4　무차별곡선은 투자자에게 동일한 효용을 주는 수익과 위험의 조합을 나타낸 곡선이다.

5　위험의 회피도가 높을수록 투자자의 무차별곡선의 기울기는 완만하게 나타난다.

6　투자자의 최적 포트폴리오는 무차별곡선과 효율적 프론티어의 접점에서 선택된다.

30 ▶ 포트폴리오

▶ **포트폴리오 위험**

1) 위험 ⇨ 체계적 위험, 비체계적 위험
2) 체계적 위험 ⇨ 제거불가
3) 오직 비체계적 위험만 제거가능

▶ **포트폴리오 효과 극대화**

1) 상관계수 : −1 ⇨ 위험 제거효과 극대화
2) 상관계수 : +1 ⇨ 위험 제거효과 없음
3) 두 자산이 같은 방향 ⇨ 상관계수 양(+) ⇨ 제거효과↓
4) 두 자산이 다른 방향 ⇨ 상관계수 음(−) ⇨ 제거효과↑

Q 다음 지문 중 틀린 것을 모두 고르면? [   ]

1 체계적 위험은 다양하게 포트폴리오를 구성하면 피할 수 있다.

2 개별부동산의 특성으로 인한 비체계적 위험은 포트폴리오의 구성을 통해 감소될 수 있다.

3 분산투자효과는 포트폴리오의 구성 자산수를 늘릴수록 체계적 위험이 감소되어 포트폴리오 전체의 위험이 감소되는 것이다.

4 개별자산의 기대수익률 간 상관계수가 −1인 두 개의 자산으로 포트폴리오를 구성할 때 포트폴리오의 위험감소효과가 최대로 나타난다.

5 투자자산 간의 상관계수가 1보다 작을 경우, 포트폴리오 구성을 통한 위험 절감 효과가 나타나지 않는다.

6 2개의 투자자산의 수익률이 서로 같은 방향으로 움직일 경우, 상관계수는 양의 값을 가지므로 위험분산 효과가 작아진다.

7 포트폴리오 전략에서 구성자산 간에 수익률이 반대 방향으로 움직일 경우 위험감소의 효과가 크다.

31 ▶ 화폐의 시간가치

1) 복리 이자계산 : 할증 (×1.r)과 할인 (÷1.r)
2) 내가계수1 : 일시불 내가계수 : ○원, 후?
3) 내가계수2 : 연금의 내가계수 : 매○원, 후?
4) 내가계수3 : 감채기금계수 : ○원 만들기(모으기) ‖ 적립금
5) 현가계수1 : 일시불 현가계수 : ○원, 현재?
6) 현가계수2 : 연금의 현가계수 : 매○원, 현재?
7) 현가계수3 : 저당상수 : ○원 대출 ⇨ 상환액
8) 역수: 연금의 내가 ↔ 감채기금 ‖ 연금의 현가 ↔ 저당상수
9) 잔금액 = 원리금 × 연금의 현가계수 [남은기간]
10) 상환비율 + 잔금비율 = 1

Q 다음 지문 중 틀린 것을 모두 고르면? [   ]

1 연금의 미래가치계수를 계산하는 공식에서는 복리방식을 채택한다.

2 현재 5억원인 주택가격이 매년 전년대비 5%씩 상승한다고 가정할 때, 5년 후의 주택가격은
   일시불의 미래가치계수를 사용하여 계산할 수 있다.

3 5년 후 주택 구입에 필요한 자금 3억원을 모으기 위해 매 월말 불입해야 하는 적금액을
   계산하려면, 3억원에 저당상수를 곱하여 산정한다.

4 원리금균등상환방식으로 주택 저당 대출을 받은 경우, 저당 대출의 매기 원리금 상환액을
   계산하기 위하여 저당상수를 활용한다.

5 임대기간 동안 월임대료를 모두 적립할 경우, 이 금액의 현재시점 가치를 산정한다면
   연금의 현재가치계수를 활용한다.

6 연금의 현재가치계수와 감채기금계수는 역수관계에 있다.

7 저당상수는 연금의 현가계수의 역수관계이다.

8 상환비율과 잔금비율을 합하면 1이 된다.

32▶ 현금흐름

영업의 현금흐름 – 소득이득		매각의 현금흐름 – 자본이득
임대료(P) × 면적(Q)		
= **가능총소득 [잠재총소득]**		
− 공실 및 불량부채	잡비	
+ 기타소득		
유효총소득	경비	**매도가격**
− 영업경비		− 매도경비
순영업소득	부채	= **순매도액**
− 부채서비스액(원리금)		− 미상환저당잔금
세전현금흐름	세금	= **세전지분복귀액**
− 영업소득세		− 자본이득세
= **세후현금흐름**	최종	= **세후지분복귀액**

Q 다음 지문 중 틀린 것을 모두 고르면? [   ]

1 유효총소득은 가능총소득에서 공실손실상당액과 불량부채액(충당금)을 차감하고
기타수입을 더하여 구한 소득이다.

2 순영업소득은 유효총소득에 각종 영업외수입을 더한 소득이다.

3 세전현금흐름은 순영업소득에서 부채서비스액을 차감한 소득이다.

4 회수 불가능한 임대료 수입은 영업경비에 포함하여 순영업소득을 산정한다.

5 순영업소득의 산정과정에서 재산세는 차감하나 영업소득세는 차감하지 않는다.

6 영업경비에는 광고비, 전기세, 관리비, 소득세가 포함된다.

7 세전지분복귀액은 자산의 순매각금액에서 미상환 저당잔액을 차감하여 지분투자자의
몫으로 되돌아오는 금액을 말한다.

33▶ 투자분석기법

▶ 할인법 ⇨ 순현가, 수익성지수, 내부수익률법, 현가회수기간법

▶ **순현가법**

1) 산정 ⇨ 유입의 현가 − 유출의 현가

2) 할인율 = 재투자율 ⇨ 요구수익률

3) 채택기준 ⇨ 순현가 ≧ 0

▶ **수익성지수법**

1) 산정 ⇨ 유입의 현가 ÷ 유출의 현가 (입을 출로)

2) 할인율 = 재투자율 ⇨ 요구수익률

3) 채택기준 ⇨ 수익성지수 ≧ 1

▶ **내부수익률법**

1) 산정 ⇨ 유입의 현가 = 유출의 현가

2) 특징 ⇨ 순현가 = 0, 수익성지수 = 1로 만드는 할인율

3) 할인율 = 재투자율 ⇨ 내부수익률

4) 채택기준 ⇨ 내부수익률 ≧ 요구수익률

▶ **비교특징**

1) 투자규모가 다를 때 수익성지수법, 순현가법의 판단이 달라질 수도 있음

2) 순현가, 내부수익률법중 어느 방법을 사용하느냐에 따라 우선순위가 달라질 수 있음

3) 순현가법으로 타당성이 있는 사업이 내부수익률법으로는 타당성이 없을 수도 있음

4) 할인율 = 재투자율 고려 ⇨ 일반적으로 순현가법이 더 타당하다고 평가

Q 다음 지문 중 틀린 것을 모두 고르면? [   ]

1 회계적 이익률법은 현금흐름의 시간가치를 고려하지 않는다.

2 수익률법과 승수법은 현금흐름의 시간가치를 반영하는 분석기법이다.

3 순현재가치법과 내부수익률법은 화폐의 시간가치를 반영한 투자분석방법이다.

4 순현재가치는 요구수익률로 할인한 현금유입의 현가에서 현금유출의 현가를 뺀 값이다.

5 수익성지수는 현금유입의 현가를 현금유출의 현가로 나눈 비율이다.

6 순현재가치가 0이 되는 단일 투자안의 경우 수익성지수는 1이 된다.

7 내부수익률이란 현금유입의 현재가치와 현금유출의 현재가치를 같게 하는 할인율이다.

8 내부수익률은 수익성지수를 0으로, 순현재가치를 1로 만드는 할인율이다.

9 내부수익률은 순현가를 0보다 작게 하는 할인율이다.

10 내부수익률법에서는 현금흐름의 재투자율로 투자자의 요구수익률을 가정한다.

11 내부수익률이 요구수익률보다 작은 경우 해당 투자안을 선택하지 않는다.

12 재투자율로 내부수익률법에서는 내부수익률을 사용하지만, 순현재가치법에서는 요구수익률을 활용한다.

1 다음 표와 같은 투자안이 있다. 이 사업들은 모두 사업 기간이 1년이며, 사업초기 (1월 1일)에 현금지출만 발생하고 사업 말기 (12월 31일)에 현금유입만 발생한다고 한다. 할인율이 연 10%라고 할 때 다음을 산정하면?

〈 보 기 〉

투자안	현금지출	현금유입
A	2,000	2,365
B	3,000	3,520
C	4,000	4,510
D	5,000	5,632

1) A와 B의 순현가	2) C와 D의 수익성지수	3) A와 D의 내부수익률
A 순현가 = [ ] B 순현가 = [ ]	C의 수익성지수 = [ ] D의 수익성지수 = [ ]	A 내부수익률 = [ ] D 내부수익률 = [ ]

1 A 순현가 : 2,365 ÷ 1.1 − 2,000 = 150

2 B 순현가 : 3,520 ÷ 1.1 − 3,000 = 200

3 C 수익성지수 : 4,510 ÷ 1.1 ÷ 4,000 = 1.025

4 D 수익성지수 : 5,632 ÷ 1.1 ÷ 5,000 = 1.024

5 A 내부수익률 : 365 ÷ 2,000 = 18.25%

6 D 내부수익률 : 632 ÷ 5,000 = 12.64%

34▶ 어림셈법, 비율분석법

▶ **어림셈법** ⇨ **승수법, 수익률법** ⇨ **비할인법**

  1) 승수 = 회수기간 ⇨ 승수가 작다 = 회수기간 짧다

  2) 순소득승수 = 총투자액 ÷ 순영업소득

  3) 세전현금흐름승수 = 지분투자액 ÷ 세전현금흐름

  4) (종합)자본환원율 = 순영업소득 ÷ 총투자액

  5) 지분환원율 = 세전현금흐름 ÷ 지분투자액

▶ **대부비율 vs 부채비율**

대부비율=	$\dfrac{융자잔금 (L)}{총투자액(V)}$	총투자액에 대한 융자잔금비율(LTV)
부채비율=	$\dfrac{융자 (부채)}{지분 (자본)}$	지분에 대한 부채 부채를 자본으로~

⇨ 대부비율이 50%면 부채비율은 $\dfrac{50}{50}$ = 100%

▶ **부채감당률**

부채감당률=	$\dfrac{순영업소득}{부채서비스액}$	부채서비스액에 대한 순영업소득

  ① 순영업소득이 부채서비스액의 몇 배? (상업용 대출)
  ② 부채감당률 〉 1 : 감당 능력이 충분

▶ **채무불이행률 = 손익분기율**

채무불이행률 =	$\dfrac{경비 + 부채서}{유효총소득}$	유채꽃은 경부선을 따라~

Q 다음 지문 중 틀린 것을 모두 고르면? [   ]

1   어림셈법 중 순소득승수법의 경우 승수값이 작을수록 자본회수기간이 짧아진다.

2   세후지분투자수익률은 총투자액에 대한 세후현금흐름의 비율이다.

3   세전현금흐름승수는 지분투자액을 세전현금흐름으로 나눈 값이다.

4   순소득승수는 지분투자액을 순영업소득으로 나눈 값이다.

5   부채감당률이란 순영업소득이 부채서비스액의 몇 배가 되는가를 나타내는 비율이다.

6   부채감당률이 1보다 작으면 차입자의 원리금 지불능력이 충분하다고 판단할 수 있다.

8   대출기관이 채무불이행 위험을 낮추기 위해서는 부채감당률 기준을 높이는 것이 유리하다.

7   부채비율은 지분투자액에 대한 융자액의 비율을 의미한다.

8   부채비율은 부채총계를 자본총계로 나눈 비율이다.

9   대부비율이 60%이면 부채비율은 150%이다.

10   채무불이행률은 순영업소득이 영업경비와 부채서비스액을 감당할 수 있는지를
     측정하는 비율이며, 채무불이행률을 손익분기율이라고도 한다.

35▶ 금융일반

▶ **부동산 금융의 구분**

1) 소비금융 = 수요자 금융 ⇨ 주택담보대출 [모기지론]

2) 개발금융 = 공급자 금융 ⇨ PF [건설금융]

3) 지분금융 = 지분권 판매, 주식발행 : 자기자본 조달
   → 신디케이트, 사모, 공모, 조인트벤처, 리츠, 펀드

4) 부채금융 = 채권판매, 저당설정 : 타인자본 조달

5) 메자닌 금융 = 지분금융 + 부채금융 혼합
   → 전환사채, 신주인수권부사채, 우선주, 후순위

▶ **주택도시기금 ⇨ 국민주택 규모를 초과하면 지원불가**

Q 다음 지문 중 틀린 것을 모두 고르면? [   ]

1 주택시장이 침체되면 수요자 금융을 확대하여 주택경기를 활성화 시킬 수 있다.

2 주택개발금융은 주택을 구입하려는 사람이 주택을 담보로 제공하고 자금을 제공받는 형태의 금융을 의미한다.

3 주택소비금융은 주택구입능력을 제고시켜 자가주택 소유를 촉진시킬 수 있다.

4 신주인수권부사채, 자산담보부기업어음은 부채금융방식이다. (×)

5 주택상환사채, 공모(public offering)에 의한 증자는 지분금융이다. (×)

6 부동산 신디케이트, 부동산 투자회사(REITs)는 지분금융이다.

7 전환사채, 후순위대출, 신탁증서금융은 모두 메자닌 금융이다. (×)

8 주택도시기금은 국민주택규모를 초과하는 주택의 리모델링에 대한 융자를 지원하고 있다.

36▶ 주택담보대출

▶ **주택담보대출 (LTV, DTI, DSR)**

1) LTV = 담보인정비율 ⇨ 담보가치 기준

2) DTI = 총부채상환비율 ⇨ (연)소득 기준

3) DSR = 총부채원리금상환비율 ⇨ 금융부채 전체기준

4) 가계부채 안정화, 위험 줄이기 ⇨ LTV, DTI의 하향조정

Q 다음 지문 중 틀린 것을 모두 고르면? [   ]

1 담보인정비율(LTV)은 주택의 담보가치를 중심으로 대출규모를 결정하는 기준이다.

2 차주상환능력(DTI)은 차입자의 소득을 중심으로 대출규모를 결정하는 기준이다.

3 총부채원리금상환비율(DSR)은 차주의 연간소득 대비 연간 금융부채 원리금 상환액 비율이다.

4 금융당국은 위축된 주택금융시장을 활성화하기 위하여 담보인정비율(LTV)과 총부채상환비율(DTI)을 하향조정한다.

▶ **주택담보대출 최대융자액**

1) LTV ⇨ Value(가치) ⇨ 집값 × LTV

2) DTI ⇨ Income(소득) ⇨ 소득 × DTI ÷ 저당상수

1 A는 연소득이 6,000만원이고 시장가치가 5억원인 주택을 소유하고 있다. 현재 A가 주택을 담보로 5,000만원을 대출받고 있을 때, 추가로 대출 가능한 금액은?

• 연간 저당상수 : 0.12	1) 5억원 × 50% = 2.5억원
• 대출승인기준	2) 6000만 × 40% = 2400만원
– 담보인정비율(LTV) : 시장가치기준 50% 이하	2400만 ÷ 0.12 = 2억원
– 총부채상환비율(DTI) : 40% 이하	3) 낮은 금액 : 2억원 – 5천만
※ 두 가지 대출승인기준을 모두 충족하여야 함	4) 융자 가능 : 1억 5000만원

1 시장가격이 5억원이고 순영업소득이 1억원인 상가를 보유하고 있는 A가 추가적으로
   받을 수 있는 최대 대출가능 금액은?

• 연간 저당상수: 0.2	1) LTV : 5억원 × 60% = 3억원
• 대출승인조건(모두 충족하여야 함)	2) 부채감당률 : 순 ÷ 당 ÷ 당
– 담보인정비율(LTV) 60% 이하	→ 1억원 ÷ 0.2 ÷ 2 = 2.5억
– 부채감당률(DCR): 2 이상	3) 낮은 금액 : 2.5억 기준
• 상가의 기존 저당대출금: 1억원	4) 기존 고려 : 2.5억 – 1억 = 1억 5000만

37 ▶ 대출금리

▶ **고정금리**

1) 고정금리대출 : 만기까지 이자고정

2) 시장금리 하락기 : 차입자 → 조기상환 고려

3) 시장금리 하락기 : 대출자 → 조기상환위험

4) 시장금리 상승기 : 기존대출 유지

5) 시장금리 상승기 : 수익률 악화 [인플레 위험]

▶ **변동금리**

1) 변동금리 = 기준금리 + 가산금리

2) 기준금리 ⇨ COFIX(자금조달비용지수)

3) 변동금리 ⇨ 차입자에게 위험을 전가할 수 있음

Q 다음 지문 중 틀린 것을 모두 고르면? [   ]

1 고정금리에서 시장이자율이 약정이자율보다 낮아지면 차입자는 기존대출금을 조기상환하는 것이 유리할 수 있다.

2 고정금리에서 시장이자율이 계약이자율보다 높아지면 대출기관은 수익률 악화 위험에 직면한다.

3 고정금리 주택담보대출은 이자율 변동으로 인한 위험을 차입자에게 전가하는 방식으로 금융기관의 이자율 변동위험을 줄일 수 있는 장점이 있다.

4 코픽스(Cost of Funds Index)는 은행의 자금조달비용을 반영한 변동금리의 기준금리이다.

5 변동금리 주택담보대출의 이자율은 기준금리에 가산금리를 합하여 결정된다.

6 변동금리 주택담보대출은 이자율 변동으로 인한 위험을 차주에게 전가하는 방식으로 금융기관의 이자율 변동위험을 줄일 수 있다.

38▶ 저당의 상환

▶ 상환1 구분

1) 일시상환 ⇨ 원금만기일시상환

    ① 상환기간 동안 (고정)이자 납입

    ② 원금을 만기에 한번에

    ③ 누적이자↑, 듀레이션(회수기간)↑

2) 분할상환 ⇨ 원금을 나누어 상환

    ① 원금균등, 원리금균등, 점증식

▶ 상환2 분할상환방식

1) **원금균등**분할상환

    ① 원금 일정 | 이자 감소 | 원리금 **감소**

    ② 초기) 상환부담 큰 편

    ③ 누적) 전체이자 낮은 편

2) **원리금균등**분할상환

    ① 원리금 일정 | 이자 감소 | 원금 **증가**

    ② 이자가 감소하는 만큼 원금증가

    ③ 원리금 = 융자액 × 저당상수

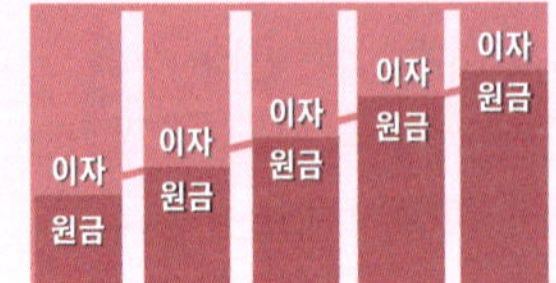

3) **점증식분할상환**

    ① 원리금 점차 증가

    ② 초기 소득이 낮은 차입자에게 유리

    ③ 초기) 상환부담 작은 편

    ④ 누적) 전체이자 큰 편

Q 다음 지문 중 틀린 것을 모두 고르면? [   ]

1 만기일시상환대출은 대출기간 동안 차입자가 원금만 상환하는 방식이다.

2 원금균등상환 방식의 경우, 매기에 상환하는 원리금이 점차적으로 감소한다.

3 원리금균등상환의 경우, 매기에 상환하는 원금액이 점차적으로 감소한다.

4 원리금균등상환은 매기 이자상환액이 감소하는 만큼 원금상환액이 증가한다.

5 점증식 상환은 일정기간 동안 상환액을 특정 비율로 증액하여 원리금상환액을 초기에는
  적게 부담하고, 시간의 경과에 따라 부담을 늘려가는 방식이다.

6 체증식 상환 방식의 경우, 미래 소득이 감소될 것으로 예상되는 은퇴예정자에게 적합하다.

7 상환 첫 회의 원리금상환액은 원리금균등상환방식이 원금균등상환방식보다 작다.

8 원금균등상환은 원리금균등상환에 비해 전체 대출기간 만료시 누적 원리금 상환액이 작다.

9 대출기간 만기까지 대출기관의 총 이자수입 크기는,
  점증식상환방식 〉 원리금균등상환 〉 원금균등상환방식 순이다.

10 만기일시상환방식은 원금균등상환방식에 비해 대출 금융기관의 이자 수입이 늘어난다.

11 대출채권의 가중평균상환기간(duration)은 원금균등분할상환대출에 비해 원리금균등분할
  상환대출이 더 길다.

12 대출채권의 가중평균상환기간(duration)이 긴 기간순으로 나열하면
  ⇨ 만기일시상환 〉 점증식 〉 원리금균등분할상환 〉 원금균등분할상환방식 순이다.

1　A씨는 은행으로부터 2억원을 대출받았다. 대출조건이 다음과 같을 때 A씨가 2회차에 상환할 원금과 3회차에 납부할 이자액을 산정하면?

- 대출금리 : 고정금리, 연 4%
- 대출기간 : 30년
- 저당상수 : 0.058
- 원리금상환조건 : 원리금균등상환,
  연단위 매기간 말 상환

원리금	2억 × 0.058 = 0.116억	저당상수	0.058	
		− 금리	− 0.04	
		× 융자	× 2억원	= 0.036억 (1회원금)
		× 1.r	× 1.04	= 0.03744억 (2회원금) (ㄱ)
		× 1.r	× 1.04	= 0.0389376억 (3회원금)
		− 원리금	− 0.116억	= 0.0770624억 (3회이자) (ㄴ)

1　원리금의 산정 : 저당상수 × 융자액 = 원리금 [1160만원]

2　1회차 원금 : (저당상수 − 금리) × 융자액 = 360만원

3　2회차 원금 : 1회차 원금 × 1.r = **374만 4000원**

4　3회차 원금 : 2회차 원금 × 1.r = 389만 3760원

5　3회차 이자 : 원리금 − 3회차 원금 = 1160만원 − 389만 3760원 = **770만 6240원**

1 A는 주택 구입을 위해 연초에 4억원을 대출 받았다.
대출 조건이 다음과 같을 때, ㉠ 대출금리와 ㉡ 3회차에 상환할 이자액은?

- 대출금리 : 고정금리
- 대출기간 : 20년
- 원리금 상환조건 : 원금균등상환방식
- 매년 말 연단위로 상환
  - 1회차 원리금 상환액 : 4,000만원

원금액	1회원금	2000만원	원금	2000만원
	1회이자	4억x	금리	× 5%
4억원 / 20년	1회상환액	4000만원	남은기간	× 18개원
= 2000만	4억 × x = 2000만 : ㉠ 5%		3회이자 : ㉡ 1800만원	

1 1회차 원금 : 4억원 ÷ 20년 = 2,000만원

2 1회차 이자 : 4억원 × x = 4억x(금리)

3 1회차 원리금 : 2,000만원 + 4억x = 4,000만원

4 금리 : 4억x = 2,000만원 , x = **5%(금리)**

5 3회차 이자 = 원금 × 금리 × 남은기간 = 2,000만원 × 5% × 18개월 = **1,800만원**

39▶ 역저당 (주택연금)

▶ **주택담보노후연금**

1) 만 55세이상 ⇨ 연금식 대출 [대출잔액이 누적됨]

2) 주택법상 주택, 주거목적 오피스텔 가능 [공시: 12억↓]

3) 주택연금 보증기관 ⇨ HF [주택금융공사]

4) 수령방법 ⇨ 종신형, 확정기간 방식등

5) 중도상환 가능 ⇨ 중도상환수수료 ✕

6) 주택처분가격 〉 연금잔액 : 법정상속인 귀속

7) 주택처분가격 〈 연금잔액 : 미청구 원칙

Q 다음 지문 중 틀린 것을 모두 고르면? [   ]

1 주택연금이란 주택에 저당을 설정하고, 금융기관으로부터 주택 가치만큼 일시불로 노후생활자금을 받는 제도다.

2 주택연금은 수령기간이 경과할수록 대출잔액이 누적된다.

3 주택소유자가 담보를 제공하는 방식에는 저당권 설정 등기 방식과 신탁 등기 방식이 있다.

4 「주택법」에 따른 준주택 중 주거목적으로 사용되는 오피스텔의 소유자는 가입할 수 없다.

5 주택연금의 보증기관은 주택도시보증공사(HUG)이다.

6 한국주택금융공사는 주택연금 담보주택의 가격하락에 대한 위험을 부담할 수 있다.

7 주택담보노후연금(주택연금)을 받을 권리는 양도·압류할 수 없다.

40▶ 프로젝트 파이낸싱

> **▶ PF1 프로젝트 파이낸싱 특징**
>
> 1) 의의 ⇨ 대규모 개발사업, 특수법인(SPC)명의
> 2) 특징1 ⇨ 사업성 담보 = 미래의 현금흐름, 사업자체
> 3) 특징2 ⇨ 부외금융 ⇨ 대차대조표에 부채×
> 4) 특징3 ⇨ 비소구금융 ⇨ 원사업자에게 채권청구×
> 5) 특징4 ⇨ 에스크로(escrow) ⇨ 위탁계좌를 통한 자금관리

Q 다음 지문 중 틀린 것을 모두 고르면? [　　　　　]

1 프로젝트 파이낸싱은 미래의 현금흐름과 사업자체 자산을 담보로 하고 있다.

2 프로젝트 파이낸싱의 경우 사업주의 재무상태표에 해당 부채가 표시된다.

3 프로젝트 금융의 상환재원은 사업주의 모든 자산을 기반으로 한다.

4 프로젝트 금융은 비소구 또는 제한적 소구 금융의 특징을 가지고 있다

5 프로젝트 사업의 자금은 차주가 임의로 관리한다.

> **▶ PF2 위험 및 투자분석**
>
> 1) 자본환원율(수익률)을 기반으로 투자분석
> 2) 자본환원율 ⇨ 투자안의 위험, 기회비용 반영
> 3) 위험↑ ⇨ 자본환원율(요구수익률)↑ ⇨ 자산가치↓

Q 다음 지문 중 틀린 것을 모두 고르면? [　　　　　]

1 자본환원율은 자본의 기회비용과 프로젝트의 투자위험을 반영한다.

2 프로젝트의 채무불이행위험이 높아질수록 자본환원율이 높아진다.

3 자본환원율이 상승하면 부동산에 대한 투자가치가 높아진다.

   1) 시공사 ⇨ 보증각서, 채무인수 등

   2) 시행사 ⇨ APT 토지 담보요구 ⇨ 담보신탁 (질권)

   3) 자금관리 ⇨ 시행사 · 시공사에게 추가출차, 에스크로 활용

   4) 자금배분 ⇨ 시행사 이익을 가장 나중에 지급

Q 다음 지문 중 틀린 것을 모두 고르면? [   ]

1   프로젝트의 위험을 낮추기 위해서 금융기관은 시행사 및 시공사에게 자기자본의 투입비중을 확대할 것을 요구한다.

2   프로젝트 파이낸싱에서 부동산 개발사업의 자금지출 우선순위를 정할 때, 주로 시행사의 개발이익이 공사비보다 먼저 인출되도록 한다.

3   프로젝트 파이낸싱에서는 부동산 개발사업지를 신탁회사에 담보신탁하고 받은 수익권 증서에 질권을 설정하기도 한다.

41 ▶ 부동산투자회사

▶ **부동산투자회사**

1) 주식의 수단으로 자금을 조달하여 부동산에 투자

2) 특징 ⇨ 소액투자, 간접투자, 지분금융, 주식투자

3) 구분 ⇨ 자기관리, 위탁관리, 기업구조조정 리츠

4) 자기관리리츠 ⇨ 자산운용인력 포함, 임직원 상근, 직접관리

5) 위탁관리리츠, 기업구조조정 리츠 ⇨ 자산관리회사에 위탁

6) 설립시 ⇨ 현물출자를 통한 설립 불가

7) 자기관리리츠 ⇨ 설립자본금 5억, 6개월 뒤 70억이상

8) 위탁, 기업 구조조정리츠 ⇨ 설립자본금 3억, 6개월 뒤 50억이상

9) 위탁관리리츠 : 본점외 지점설치 불가, 상근임원 X

10) 자기관리리츠의 자산운용인력

　　⇨ 공인중개사, 감정평가사, 투자회사, 자산관리회사 5년↑

　　⇨ 석사학위 이상의 소지자, 투자운용업무에 3년↑

Q 다음 지문 중 틀린 것을 모두 고르면? [　　　　　]

1　자기관리 부동산투자회사는 자산운용 전문인력을 포함한 임직원을 상근으로 두고
　자산의 투자운용을 직접 수행하는 회사를 말한다.

2　자기관리 부동산투자회사(REITs)는 회사는 그 자산을 투자 · 운용할 때에는 전문성을
　높이고 주주를 보호하기 위하여 자산관리회사에 위탁하여야 한다.

3　위탁관리리츠는 자산의 투자 · 운용을 자산관리회사에 위탁하는 회사이다.

4　자기관리 부동산투자회사의 설립 자본금은 5억원 이상으로 한다.

5　위탁관리 및 기업구조조정 부동산투자회사의 설립 자본금은 3억원 이상으로 한다.

6　자기관리리츠는 최저자본금준비기간이 지난 후 자본금이 70억원 이상이 되어야 한다.

7 영업인가를 받거나 등록을 한 날부터 6개월이 지난 기업구조조정 부동산투자회사의
   자본금은 30억원 이상이 되어야 한다.

8 위탁관리 부동산투자회사는 본점 외의 지점을 설치할 수 없으며 직원을 고용하거나 상근
   임원을 둘 수 없다.

9 위탁관리 부동산투자회사는 주주를 보호하기 위해서 직원이 준수해야 할 내부통제기준을
   제정하여야 한다.

10 감정평가사 또는 공인중개사로서 해당 분야에 5년 이상 종사한 사람은 자기관리 부동산
    투자회사의 상근 자산운용 전문인력이 될 수 있다.

#한국주택금융공사 #MPTS #MBB #MPTB #CMO

42 ▶ 저당의 유동화

▶ **유동화1 저당시장의 구조**

1) 1차 시장의 저당권 ⇨ 2차 시장에 매각하여 유동화
2) 1차 저당시장 : 자금대출시장 ⇨ 저당권의 형성
3) 2차 저당시장 : 자금공급시장 ⇨ 저당권의 유동화
4) 2차 시장의 SPC역할 ⇨ 한국주택금융공사 (HF)
5) 저당 유동화 ⇨ 금융기관 유동성 증가, 대출 확대

Q 다음 지문 중 틀린 것을 모두 고르면? [   ]

1 1차 저당시장은 저당대출을 원하는 수요자와 대출을 제공하는 금융기관 사이의 시장이다.

2 저당유동화가 활성화 되면 주택금융의 축소로 자가소유가구 비중이 감소한다.

3 저당이 유동화되면 주택금융이 확대됨에 따라 대출기관의 자금이 풍부해져 궁극적으로
   주택자금대출이 확대될 수 있다.

4 2차 저당시장은 저당권을 유동화함으로써 1차 저당시장에 자금을 공급하는 역할을 한다.

5 우리나라의 모기지 유동화 중개기관으로는 한국주택금융공사(HF)가 있다.

▶ 유동화2 **저당 유동화 증권**

1) MPTS (주택저당채권 이체증권)

　　① 지분형 MBS

　　② 저당채권 : 투자자 ‖ 원리금 수취권 : 투자자

　　③ 조기상환위험 : 투자자

　　④ 콜(조기상환)방어×, 초과담보×

2) MBB (주택저당채권 담보부채권)

　　① 채권형 MBS

　　② 저당채권 : 발행자 ‖ 원리금 수취권 : 발행자

　　③ 조기상환위험 : 발행자

　　④ 콜(조기상환)방어○, 초과담보○

3) MPTB (저당채권 이체채권)

　　① 혼합형 MBS

　　② 저당채권 : 발행자 ‖ 원리금 수취권 : 투자자

　　③ 조기상환위험 : 투자자

4) CMO (다계층채권)

　　① 혼합형 MBS ⇨ [저발 ‖ 투수]

　　② 발행자가 저당채권을 가공하여 만기와 이자를 다양하게(트랜치)

　　③ CMO의 조기상환위험 : 투자자

Q 다음 지문 중 틀린 것을 모두 고르면? [　　　　　　]

1　MPTS(mortgage pass-through securities)는 지분형 증권이다.

2　MPTS의 조기상환위험은 투자자가 부담한다.

3　MBB는 유동화기관이 모기지 풀(mortgage pool)을 담보로 발행하는 지분성격의 증권이다.

4　MBB의 투자자는 주택저당채권 집합물에 대한 소유권을 갖지 않는다.

5 MBB의 경우 채무불이행위험과 조기상환위험을 모두 발행자가 부담한다.

6 MBB는 채권형 증권으로 발행자는 초과담보를 제공하는 것이 일반적이다.

7 MPTS는 투자자 입장에서 MBB에 비해 불확실성이 크고 위험한 투자상품이다.

8 MPTB의 조기상환 위험은 발행자가 부담하고, 채무불이행 위험은 투자자가 부담한다.

9 CMO는 트랜치별로 적용되는 이자율과 만기가 다른 것이 일반적이다.

10   CMO는 상환우선순위와 만기가 다른 다양한 층(tranche)으로 구성된 증권이다.

43▶ 부동산 개발일반

▶ **부동산 개발일반**

1) 의미 ⇨ 토지조성, 건축물 건축, 공작물 설치사업

2) 개발의 법적정의 ⇨ 시공행위 제외

3) 주체 ⇨ 공공(1섹터) + 민간(2섹터) ⇨ 3섹터(공공민간합동)

4) 과정 : 아이디어 ⇨ 예비적 타당성 ⇨ 부지확보 ⇨ 타당성분석등

5) 위험 ⇨ 법률적 위험, 시장위험, 비용위험

Q 다음 지문 중 틀린 것을 모두 고르면? [   ]

1 부동산 개발이란 토지를 건설공사의 수행 또는 형질변경의 방법으로 조성하는 행위 및 건축물을 건축·대수선·리모델링 또는 용도변경 하거나 공작물을 설치하는 행위를 의미하며, 시공을 담당하는 행위를 포함한다.

2 민간이 자본과 기술을 제공하고 공공기관이 인·허가 등의 행정적인 부분의 효율성을 담당하여 시행되는 개발을 제3섹터(sector)개발이라고 한다.

3 지방자치단체와 민간기업이 합동으로 개발하는 방식은 민관합동개발사업에 해당한다.

4 워포드는 부동산 개발 위험을 법률위험, 시장위험, 비용위험으로 구분하고 있다.

5 정부의 정책이나 용도지역제와 같은 토지이용규제로 인해 개발의 법률적 위험이 발생하기도 한다.

6 부동산 개발사업의 진행과정에서 행정의 변화에 의한 사업 인·허가의 지연위험은 시행사 또는 시공사가 스스로 관리할 수 있는 위험에 해당한다.

44 ▶ 부동산 개발분석

▶ **개발분석**

1) 단계 ⇨ 지역경제 - 시장 - 시장성 - 타당성 - 투자분석

2) 인구, 고용률, 환경 ⇨ 거시적 ⇨ 지역경제분석

3) 수요와 공급분석 ⇨ 시장분석

4) 수요자를 구분하여 분석 ⇨ 세분화

5) 개발 부동산의 매매, 임대, 분양가능성 ⇨ 시장성 분석

6) 일정기간 소비율, 과거추세 분석 ⇨ 흡수율 분석

7) 흡수율 분석의 궁극적 목적 ⇨ 장래예측

8) 타당성 분석 ⇨ 법률적, 경제적, 기술적 타당성

9) 투입요소(변수)의 변화에 따른 결과분석 ⇨ 민감도 분석

Q 다음 지문 중 틀린 것을 모두 고르면? [   ]

1 개발사업과 관련된 지역의 경제활동, 인구와 소득 등 대상 지역 전체에 대한 총량적 지표를 분석하는 것을 지역경제분석이라고 한다.

2 부동산이 가진 경쟁력을 중심으로 해당 부동산이 분양될 수 있는 가능성을 분석하는 것을 시장성 분석이라고 한다.

3 공급된 부동산이 시장에서 일정기간 동안 소비되는 비율을 조사하여 해당 부동산 시장의 추세를 파악하는 분석을 민감도 분석이라고 한다.

4 흡수율 분석은 유사부동산에 대한 추세분석으로서, 흡수율 분석의 궁극적 목적은 개발 부동산의 장래예측에 있다.

5 인근 지역분석은 부동산 개발에 영향을 미치는 환경요소의 현황과 전망을 분석하는 것이다.

6 민감도 분석은 재무적 사업 타당성분석에서 사용했던 주요변수들의 투입 값을 낙관적, 비관적 상황으로 적용하여 수익성을 예측하는 것이다.

45▶ 도시 및 주거환경정비법, 도시개발법

▶ **도시 및 주거환경정비법**

1) 주거환경개선사업 ⇨ 극히, 과도, 단독·다세대

2) 재개발 ⇨ 열악, 밀집, 도시기능회복, 상권

3) 재건축 ⇨ 양호, 밀집, 공동주택

▶ **도시개발법**

1) 도시개발사업 ⇨ 수용, 환지, 혼용방식

2) 환지 ⇨ 신개발 ⇨ 미개발토지를 구획정리후 재분배

3) 환지시 ⇨ 보류지(체비지+공공시설용지)를 제외하고 환지

Q 다음 지문 중 틀린 것을 모두 고르면? [   ]

1 단독주택 및 다세대주택 등이 밀집한 지역에서 기반시설과 공동이용시설의 확충을 통하여 주거환경을 정비·개량하기 위하여 시행하는 사업을 주거환경개선사업이라고 한다.

2 정비기반시설이 열악하고 노후·불량건축물이 밀집한 지역에서 주거한경을 개선하거나 상업지역·공업지역 등에서 도시기능의 회복 및 상권활성화 등을 위하여 도시환경을 개선하기 위한 사업을 재건축 사업이라고 한다.

3 부동산개발의 유형을 신개발방식과 재개발방식으로 구분하는 경우, 도시 및 주거환경정비 법령상 재건축사업은 재개발방식에 속한다.

4 개발사업으로 인해 개발이익이 발생하는 경우, 수용방식은 환지방식에 비해 개발이익환수 가 용이한 특징이 있다.

5 환지방식은 택지가 개발되기 전 토지의 위치·지목면적 등을 고려하여 택지개발 후 개발된 토지를 토지 소유자에게 재분배하는 방식을 말한다.

6 토지소유자가 조합을 설립하여 농지를 택지로 개발한 후 보류지(체비지·공공시설 용지)를 제외한 개발토지 전체를 토지소유자에게 배분하는 방식을 환지방식이라고 하는데, 이는 재개발방식에 해당한다.

46 ▶ 민간개발방식

> **▶ 민간개발방식의 구분**
>
> 1) 민간개발 ⇨ 자체사업, 지주공동, 토지신탁, 컨소시엄
> 2) 자체개발사업 ⇨ 개발이익↑, 속도↑, 위험↑
> 3) 지주공동 ⇨ 등가교환, 분양금 정산, 투자자 모집, 사업위탁
> 4) 등가교환 = 대물변제 ⇨ 건축면적, 지분, 부동산 나눔
> 5) 사업위탁 ⇨ 소유권 유지, 수수료 지급
> 6) 토지신탁 ⇨ 소유권 이전, 신탁수익자(신탁자), 수수료 지급
> 7) 컨소시엄 ⇨ 대규모 연합법인, 위험배분, 이해조정 필요

Q 다음 지문 중 틀린 것을 모두 고르면? [   ]

1. 토지소유자가 제공한 토지에 개발업자가 공사비를 부담하여 부동산을 개발하고, 개발된 부동산을 제공된 토지가격과 공사비의 비율에 따라 나눈다면, 등가교환방식에 해당된다.

2. 개발사업의 방식 중 사업위탁방식과 신탁개발방식의 공통점은 토지소유자가 개발사업의 전문성이 있는 제3자에게 토지소유권을 이전한다는 점이다.

3. 토지소유자가 토지소유권을 유지한 채 개발업자에게 사업시행을 맡기고 개발업자는 사업시행에 따른 수수료를 받는 방식을 사업위탁방식이라고 한다.

4. 토지(개발)신탁방식은 신탁회사가 토지소유권을 이전받아 토지를 개발한 후 분양하거나 임대하여 그 수익을 신탁자에게 돌려주는 것이다.

5. 토지신탁형은 토지소유자로부터 형식적인 소유권을 이전받은 신탁회사가 토지를 개발·관리·처분하여 그 수익을 수익자에게 돌려주는 방식이다.

47▶ 부동산 신탁

▶ **부동산 신탁**

1) 위탁자 (부동산 소유자) ‖ 수탁자 (신탁회사) ‖ 수익자

2) 신탁 ⇨ 소유권 이전

3) 토지신탁 ⇨ 개발용

4) 담보신탁 ⇨ 담보대출용

5) 관리신탁 : 소유권 관리, 건물수선 · 유지, 임대차 관리

6) 분양관리신탁 : 상가등의 선분양 대행

7) 모든 신탁은 소유권 이전

Q 다음 지문 중 틀린 것을 모두 고르면? [   ]

1 부동산 신탁에 있어서 당사자는 부동산 소유자인 위탁자와 부동산 신탁사인 수탁자
  및 신탁재산의 수익권을 배당받는 수익자로 구성되어 있다.

2 부동산의 소유권 관리, 건물수선 및 유지, 임대차관리 등 제반 부동산 관리업무를
  신탁회사가 수행하는 것을 관리신탁이라 한다.

3 처분신탁은 처분방법이나 절차가 까다로운 부동산에 대한 처분업무 및 처분 완료시까지의
  관리업무를 신탁회사가 수행하는 것이다.

4 관리신탁에 의하는 경우 법률상 부동산 소유권의 이전 없이 신탁회사가 부동산의 관리업무
  를 수행하게 된다.

5 분양관리신탁은 상가 등 건축물 분양의 투명성과 안정성을 확보하기 위하여
  신탁회사에게 사업부지의 신탁과 분양에 따른 자금관리업무를 부담시키는 것이다.

48 ▶ 민자유치사업방식

> ▶ **민자유치사업방식**
>
> 1) BTO ⇨ 민간 준공 → 정부 이전 → 운영
> 2) BTL ⇨ 민간 준공 → 정부 이전 → 임대
> 3) BOT ⇨ 민간 준공 → 민간 운영 → 정부 이전
> 4) BLT ⇨ 민간 준공 → 임대 → 정부 이전
> 5) BOO ⇨ 민간 준공 → 민간 소유 → 민간 운영

Q 다음 지문 중 틀린 것을 모두 고르면? [   ]

1 BTL(Build-Transfer-Lease)방식은 민간이 개발한 시설의 소유권을 준공과 동시에 공공에 귀속시키고 민간은 시설관리운영권을 가지며, 공공은 그 시설을 임차하여 사용하는 민간투자 사업방식이다.

2 BOT(Build-Own-Transfer)는 사업 시행자가 시설을 준공하여 소유권을 보유하면서 시설의 수익을 가진 후 일정 기간 경과 후 시설소유권을 국가 또는 지방자치단체에 귀속시키는 방식이다.

3 BTO(Build Transfer Operate)는 사업시행자가 시설의 준공과 함께 소유권을 국가 또는 지방자치단체로 이전하고, 해당 시설을 국가나 지방자치단체에 임대하여 수익을 내는 방식을 의미한다.

4 BOO(Build Own Operate)는 시설의 준공과 함께 사업의 시행자가 소유권과 운영권을 갖는 방식이다.

5 BTO(Build Transfer Operate)는 시설의 준공과 함께 시설의 소유권이 국가 또는 지방자치단체에 귀속되지만 사업시행자가 정해진 기간 동안 시설에 대한 운영권을 가지고 수익을 내는 방식이다.

6 BLT(Build Lease Transfer) 방식은 민간사업자가 자금을 조달하여 시설을 건설하고 일정 기간 동안 타인에게 임대하고, 임대기간 종료 후 국가 또는 지방자치단체 등에게 시설의 소유권을 이전하는 방식이다.

49 ▶ 부동산 관리

▶ **부동산 관리방식**

1) 기술적 = 시설 ⇨ 협의 : 위생 · 설비 · 보안 · 에너지 ⇨ 소극적

2) 경제적 = 자산 = 경영 ⇨ 포트폴리오, 손익분기점, 수익관리

3) 법률적 ⇨ 임대차 계약, 권리관계

4) 자기관리 = 직접 ⇨ 기밀유지 유리 , 전문성↓ , 안일화

5) 위탁관리 = 간접 ⇨ 기밀유지 불리 , 전문성↑ , 타성방지

6) 혼합관리 = 자가 + 위탁 ⇨ 과도기적 ‖ 책임소재문제

Q 다음 지문 중 틀린 것을 모두 고르면? [   ]

1 시설관리(facility management)는 부동산시설을 운영하고 유지하는 것으로 시설 사용자나 기업의 요구에 따라는 소극적 관리에 해당한다.

2 경제적 측면의 부동산 관리는 대상 부동산의 물리적 · 기능적 하자의 유무를 판단하여 필요한 조치를 취하는 것이다.

3 토지의 경계를 확인하기 위한 경계측량을 실시하는 것은 기술적 측면의 관리에 속한다.

4 포트폴리오 관리 및 투자 리스크 관리는 자산관리의 영역이다.

5 자기(직접)관리방식은 전문(위탁)관리방식에 비해 기밀 유지에 유리하고 의사결정이 신속한 경향이 있다.

6 자치관리방식은 관리요원이 관리사무에 안일해지기 쉽고, 관리의 전문성이 결여될 수 있는 단점이 있다.

7 자가관리는 위탁관리에 비해 관리의 전문성이 높고 대형건물의 관리에 더욱 유리하다.

8 위탁관리방식은 소유와 경영의 분리가 가능하며, 대형건물 관리에 유용하다.

9 혼합관리방식은 필요한 부분만 선별하여 위탁하기 때문에 관리의 책임소재가 불분명해지는 단점이 있다.

50▶ 부동산 마케팅

▶ 마케팅1 시장점유마케팅

1) 공급자 관점 ⇨ 표적시장, 틈새시장 점유

2) 시장점유마케팅 ⇨ STP, 4P Mix

3) S : Segmentation : 세분화 ⇨ 수요자를 분(分)

4) T : Targeting : 목표, 표적 ⇨ 표적시장 선정

5) P : Positioning : 위치화 ⇨ 차별화, 이미지 각인

6) 4P : Product(제품) ⇨ 설계, 설비, 설치등

7) 4P : Price(가격) ⇨ 시가 : 유사 ‖ 신축 : 다르게

8) 4P : Place(유통경로) ⇨ 중개업소, 대행사

9) 4P : Promotion(판매촉진) ⇨ 경품(유인), 인적판매

Q 다음 지문 중 틀린 것을 모두 고르면? [   ]

1 시장점유전략은 수요자 측면에서 목표시장을 선점하거나 점유율을 높이는 전략이다.

2 시장점유 마케팅전략애는 4P Mix전략, STP전략이 있다.

3 STP전략은 고객을 세분화(Segmentation)하고 표적시장을 선정(Targeting)하여
   효과적으로 판매촉진(Promotion)을 하는 전략이다.

4 시장세분화 전략은 부동산 시장에서 마케팅 활동을 수행하기 위하여 수요자의 집단을
   세분하는 것이다.

5 포지셔닝은 목표시장에서 고객의 욕구를 파악하여 경쟁 제품과 차별성을 가지도록
   제품개념을 정하고 소비자의 지각속에 적절히 위치시키는 것이다.

6 마케팅의 4P mix에는 Product, Price, Place, Promotion이 포함된다.

7 혁신적인 내부구조로 설계된 아파트는 4P mix중 제품전략에 해당한다.

8 아파트의 커뮤니티 시설에 골프연습장을 설치하는 방안은 가격(Price)전략에 해당한다.

9 모델하우스 방문고객을 대상으로 추첨을 통해 자동차를 경품으로 제공하는 것은
   유통경로(Place)전략에 해당한다.

10 부동산 중개업소를 적극적으로 활용하는 것은 유통경로(Place)전략이다.

11 마케팅 믹스에서 촉진관리는 판매유인과 직접적인 인적 판매 등이 있다.

▶ **마케팅2 고객점유마케팅, 관계마케팅**

  1) 고객점유마케팅 ⇨ 수요자 관점 ⇨ 구매심리 및 의사결정과정

  2) 고객점유마케팅 전략
     ⇨ AIDA : Attention(주의), Interest(관심), Desire(욕망), Action(행동)

  3) 관계마케팅 ⇨ 장기적, 지속적 관계관리 ⇨ CRM

Q 다음 지문 중 틀린 것을 모두 고르면? [   ]

1 고객점유 마케팅 전략이란 공급자 중심의 마케팅 전략으로 표적시장을 선정하거나
   틈새시장을 점유하는 전략을 말한다.

2 고객점유 전략은 소비자의 구매의사결정 과정의 각 단계에서 소비자와의 심리적인 접점을
   마련하고 전달하려는 정보의 취지와 강약을 조절하는 것을 말한다.

3 고객점유 마케팅에서 AIDA의 원리는 주의(Attention)-관심(Interest)-결정(Decision)
   -행동(Action)의 과정을 말한다.

4 AIDA원리는 주의(attention), 관심(interest), 욕망(desire), 행동(action)의 단계를 통해
   공급자의 욕구를 파악하여 마케팅 효과를 극대화하는 시장점유마케팅 전략의 하나이다.

5 관계마케팅 전략에서는 공급자와 소비자의 관계를 일회적이 아닌 지속적인 관계로 유지하
   려 한다.

51 ▶ 지역분석과 개별분석

▶ **지역분석 vs 개별분석**

1) 지역분석 ⇨ 표준적 이용, 가격수준 판단
2) 지역분석 대상 지역 ⇨ 인근지역, 유사지역, 동일수급권
3) 인근지역 ⇨ 대상이 속한, 지역요인 공유
4) 유사지역 ⇨ 대상이 속하지 않은, 인근지역과 유사
5) 동일수급권 ⇨ 대상 부동산과 대체·경쟁 ⇨ 인근 + 유사 포함
6) 개별분석 ⇨ 최유효이용, 구체적 가격
7) 지역분석 ⇨ 선행 , 개별분석 ⇨ 후행
8) 지역분석 ⇨ 거시적 , 개별분석 ⇨ 미시적
9) 지역분석 ⇨ 적합의 원칙, 경제적 감가와 관련
10) 개별분석 ⇨ 균형의 원칙, 기능적 감가

Q 다음 지문 중 틀린 것을 모두 고르면? [   ]

1 개별분석이란 대상부동산의 개별적 요인을 분석하여 해당 지역 내 부동산의
   표준적 이용과 가격수준을 판정하는 것을 말한다.

2 대상 부동산의 최유효이용을 판정하기 위해 개별분석이 필요하다.

3 인근지역이란 대상부동산이 속한 지역으로서 부동산의 이용이 동질적이고 가치형성요인
   중 개별요인을 공유하는 지역을 말한다.

4 동일수급권은 대상부동산과 대체·경쟁관계가 성립하고 가치 형성에 서로 영향을 미치는
   관계에 있는 다른 부동산이 존재하는 권역(圈域)으로 인근지역과 유사지역을 포함한다.

5 지역분석보다 개별분석을 나중에 실시하는 것이 원칙이다.

6 지역분석은 대상 지역에 대한 거시적인 분석인 반면, 개별분석은 대상 부동산에 대한
   미시적인 분석이다.

52▶ 부동산 가격제원칙

▶ **부동산 가격 제원칙**

1) 예측의 원칙 ⇨ 장래 예측의 영향을 받음
   ⇨ 수익환원법, 가치의 정의, 영속성과 관련

2) 대체의 원칙 ⇨ 대체성이 있는 A,B는 가격이 연관
   ⇨ 거래사례비교법(비교방식)과 관련

3) 적합의 원칙 ⇨ 외부) 환경, 지역, 시장과의 조화
   ⇨ 지역분석을 통해 판정 ⇨ 위배시 경제적 감가

4) 균형의 원칙 ⇨ 내부) 구성요소, 설계 · 설비 · 디자인
   ⇨ 개별분석을 통해 판정 ⇨ 위배시 기능적 감가

Q 다음 지문 중 틀린 것을 모두 고르면? [   ]

1 예측의 원칙에 따라 부동산은 장래의 활용 및 수익 가능성이 중시되므로 이는 수익환원법의 토대가 될 수 있다.

2 대체의 원칙은 유사 부동산과의 가격 연관성을 다루는 원칙으로 감정평가기법중 거래사례비교법과 관련이 있다.

3 적합의 원칙은 부동산의 입자와 주변 환경과의 조화를 중시한다.

4 균형의 원칙이란 부동산의 가격이 최고조가 되려면 투입되는 생산요소간의 조화가 중요하다는 원칙이다.

5 적합의 원칙은 부동산의 유용성이 최고로 발휘되기 위해서 구성요소의 결합을 중시한다.

6 입지선정을 위해 지역분석을 통해 표준적 이용을 판단하는 것은 적합의 원칙과 관련이 있다.

7 내부적으로 균형을 이루지 못하는 부분은 원가법 적용시 기능적 감가로 처리한다.

8 천정 높이를 과대개량하여 냉 · 난방비 문제가 발생하는 것은 균형의 원칙과 관련이 있다.

53 ▶ 가격3면성, 3방식, 시산가액

3면성	3방식	평가조건	방법	시산가액·임료
비용성	원가방식	가액	원가법	적산가액
비용성	원가방식	임료	적산법	적산임료
시장성	비교방식	가액	거래사례비교법	비준가액
시장성	비교방식	임료	임대사례비교법	비준임료
수익성	수익방식	가액	수익환원법	수익가액
수익성	수익방식	임료	수익분석법	수익임료

⇨ 비교방식으로 토지의 가치를 평가할 때 공시지가기준법을 활용한다.

Q 다음 지문 중 틀린 것을 모두 고르면? [   ]

1   원가방식이란 원가법 및 적산법 등 비용성의 원리에 기초한 감정평가방식을 의미한다.

2   비교방식에는 거래사례기준법, 임대사례비교법등 시장성의 원리에 기초한 감정평가방식 및 공시지가비교법이 있다.

3   수익방식은 수익성을 근거로 가액을 산정하는 수익환원법과 임대료를 산정하는 수익분석법 이 있다.

4   3방식에 의해 산정한 적산가액, 비준가액, 수익가액을 최종평가액이라고 한다.

5   시산가액의 조정은 각 시산가액을 상호 관련시켜 재검토함으로써 시산가액 상호간의 격차 를 합리적으로 조정하는 작업이다.

6   시산가액 조정은 각 시산가액을 산술평균하는 방법만 인정된다.

54▶ 원가법 (원가방식)

▶ **원가법**
1) 원가법 ⇨ 재조달원가에 감가수정하여 가액산정
2) 적산가액 ⇨ 재조달원가 – 감가누적액

▶ **재조달원가**
1) 기준시점에서 재생산·재취득하는 적정원가
2) 도급기준, 이윤포함, 제세공과금 포함

▶ **감가수정법**
1) 구분 ⇨ 내용연수법, 관찰감가법, 분해법
2) 내용연수법 ⇨ 경제적 내용연수 ⇨ 정액법, 정률법, 상환기금법
3) 정액법 ⇨ 감가액 일정, 직선법, 정비례
4) 정률법 ⇨ 감가율 일정, 감가액 감소, 초기감가 큰 편
5) 상환기금법 ⇨ 복리이자 고려

Q 다음 지문 중 틀린 것을 모두 고르면? [   ]

1 재조달원가란 대상물건을 기준시점에 재생산하거나 재취득하는 데 필요한 적정원가의
   총액을 말한다.

2 대상 부동산을 자가건설하였더라도 재조달원가 산정시에는 도급건설을 기준으로 한다.

3 감가수정을 할 때는 물리적 내용연수를 기준으로 한다.

4 정액법을 직선법 또는 균등상각법이라고도 한다.

5 정률법에서는 감가누계액이 경과연수에 정비례하여 증가한다.

6 정률법에서는 매년 감가율이 일정하고 감가액이 감소한다.

7 상환기금법은 건물 등의 내용연수가 만료될 때 감가누계상당액과
   그에 대한 복리계산의 이자상당액분을 포함하여 당해 내용연수로 상환하는 방법이다.

1 원가법에 의한 대상물건의 적산가액은?

- 신축에 의한 사용승인시점 : 2023.10.25.
- 기준시점 : 2025.10.25.
- 사용승인시점의 신축공사비 : 3억원 (신축공사비는 적정함)
- 공사비 상승률: 매년 전년대비 5% 상승
- 경제적 내용연수 : 50년
- 감가수정방법 : 정액법
- 내용연수 만료시 잔가율 : 10%

재조달원가	감가수정 및 적산가액의 산정		
3억원 × 1.05 × 1.05 ⇨ 3.3075억	존	[잔존]	0.9
	× 나	[나이 = 내용연수]	× 2
	× 조	[재조달원가]	× 3.3075
	÷ 경제	[경제적 내용연수]	÷ 50
	− 재조	[재조달원가]	− 3.3075 = 3.18843억

55▶ 거래사례비교법 : 비준가액 계산

▶ 비준가액 ⇨ 사례가액 × 사정보정 × 시점수정 × 가치형성요인 비교

1 거래사례비교법에 의한 대상물건의 비준가액은?

- 대상 토지: A시 B구 C동 350번지, 240㎡(면적), 대(지목), 주상용 (이용상황), 제2종 일반상업지역(용도지역)
- 기준시점: 2025.10.26.
- 거래사례
  −소재지: A시 B구 C동 340번지
  −200㎡(면적), 대(지목), 주상용(이용상황)
  −제2종 일반상업지역(용도지역)
  −거래가격: 500,000,000원
  −거래시점: 2025.02.01.
- 사정보정치 : 거래사례는 정상가격대비 20% 저가 거래되었음
- 지가변동률 (A시 B구, 2025.02.01.~ 2025.10.26.)
  → 주거지역 5% 상승, 상업지역 4% 상승
- 지역요인: 거래사례에 비해 10% 우세
- 개별요인: 거래사례에 비해 5% 열세
- 상승식으로 계산

1 거래사례 = 5억원

2 면적보정치 = $\frac{240}{200}$ = 1.2

3 사정보정치 = $\frac{100}{80}$ = 1.25

4 지가변동률 = 상업지역 = 1.04

5 지역 : 1.1 , 개별 : 0.95

6 비준가액 = 5억 × 1.2 × 1.25 × 1.04 × 1.1 × 0.95 = **8.151억**

56▶ 공시지가기준법

▶ **공시지가기준법 이론**

　　1) 비교방식으로 토지가액을 산정

　　2) 비교표준지 ⇨ 시점수정 ⇨ 지역요인비교 ⇨ 개별요인비교 ⇨ 기타

　　3) 비교표준지 ⇨ 동일수급권 이내 원칙

　　4) 시점수정 : 표준지가 속한 지역의 지가변동률 적용

　　　⇨ 예외 : 한국은행이 발표하는 생산자 물가상승률 참조

　　5) 적정한 실거래가를 기준으로 평가가능

　　6) 적정한 실거래가 : 도시지역 3년내, 그 밖의 지역 5년내

Q 다음 지문 중 틀린 것을 모두 고르면? [　　　　　　　　　]

1 공시지가기준법은 표준지공시지가를 기준으로 대상 토지에 맞게 시점수정, 지역요인 및 개별요인 비교, 그 밖의 요인의 보정을 거쳐 대상 토지의 가액을 산정하는 방법이다.

2 시점수정시에는 비교표준지가 있는 시·군·구의 같은 용도지역의 지가변동률을 적용한다.

3 공시지가기준법 적용에 따른 시점수정시 지가변동률을 적용하는 것이 적절하지 아니하면 한국은행이 조사·발표하는 생산자물가상승률을 적용한다.

4 적정한 실거래가가 있는 경우 이를 기준으로 토지를 감정평가할 수 있다.

5 적정한 실거래가란 신고된 가격으로 도시지역은 5년 이내, 그 밖의 지역은 3년 이내의 거래가격을 의미한다.

1 공시지가기준법으로 산정한 대상토지의 단위면적당 시산가액은?

- 대상토지 현황: A시 B구 C동 120번지,
- 일반상업지역, 상업용
- 기준시점: 2025.10.26.
- 표준지공시지가(A시 B구 C동, 2025.01.01. 기준)

기 호	소재지	용도지역	이용상황	공시지가(원/m^2)
1	C동 110	주거지역	상업용	6,000,000
2	C동 120	주거지역	주거용	7,000,000
3	C동 130	상업지역	상업용	8,000,000

- 지가변동률 (A시 B구, 2025.01.01. ~ 2025.10.26.)
  – 주거지역: 3% 상승, 상업지역: 5% 상승, 공업지역: 4% 상승
- 지역요인: 표준지와 대상 토지는 인근지역에 위치하여 지역요인 동일함
- 개별요인: 대상 토지는 표준지 기호 1에 비해 개별요인 10% 우세하고,
  기호 2에 비해 개별요인 3% 열세, 기호 3에 비해 개별요인 5% 우세함
- 그 밖의 요인 보정 : 대상토지 인근지역의 가치형성 요인이 유사한 정상적인
  거래사례 및 평가사례 등을 고려하여 그 밖의 요인으로 50% 증액 보정함

1 거래사례 : 5억원

2 표준지 : 기호 3번 상업지역, 상업용 ⇨ 800만원

3 지가변동률 : 상업지역 5% 상승 ⇨ 1.05

4 개별요인 : 기호 3번 참고 ⇨ 5% 우세 ⇨ 1.05

5 50% 증액 보정 ⇨ 1.5

6 비준가액 = 800만원 × 1.05 × 1.05 × 1.5 = **1,323만원**

57 ▶ 수익환원법 (환원이율)

▶ **수익환원법**

1) 순수익, 현금흐름, 환원, 할인 ⇨ 수익가액 산정

2) 수익가액(V) $= \dfrac{\text{순영업소득}}{\text{환원이율}}$ ⇨ 환원이율 $= \dfrac{\text{순영업소득}}{\text{부동산가치}(V)}$

3) 환원이율

   ① 순영업소득을 부동산 가치(총투자액)로 나누어 산정

   ② 투자분석시 수익률 (요구수익률 성격)

   ③ 시중금리 상승 ⇨ 환원이율 상승

   ④ 위험↑ ⇨ 환원이율↑ ⇨ 자산가치↓

4) 환원이율 산정방법

   ① 시장추출법, 조성법, 투자결합법, 엘우드법, 부채감당법

   ② 물리적 투자결합법 ⇨ 토지와 건물의 환원이율의 가중평균

   ③ 부채감당법 ⇨ 저당상수 × 부채감당률 × 대부비율

Q 다음 지문 중 틀린 것을 모두 고르면? [   ]

1   환원이율은 기회비용을 반영하므로, 자본시장에서 시장금리가 상승하면 함께 상승한다.

2   부동산 자산이 창출하는 순영업소득을 부동산 가치로 나누어 산정한다.

3   투자의 위험이 높아지면 자본환원율도 상승한다.

4   자본환원율이 상승하면 자산가격이 상승한다.

5   물리적 투자결합법에 따른 환원이율을 산정할 때는 토지의 환원이율에 토지비중을 곱하고, 건물의 환원이율에 건물비중을 곱하여 가중평균한다.

6   저당상수가 0.05이고, 부채감당률이 1.2이고, 대부비율이 50%라면 환원이율은 3%이다.

58▶ 수익환원법 (수익가액 계산)

1 수익환원법에 따른 수익가액을 산정하면?

- 가능총소득(PGI) : 1억원
- 공실손실상당액 및 대손충당금: 가능총소득의 5%
- 재산세 : 300만원
- 화재보험료 : 200만원
- 영업소득세 : 400만원
- 건물주 개인업무비 : 500만원
- 토지가액 : 건물가액 = 40% : 60%
- 토지환원이율 : 5 %
- 건물환원이율 : 10 %

수익가액

가능	1억원
× 공실	× 0.95
= 유효	= 9,500만원
− 영업	− (300+200)만원
= 순영업	= 9,000만원
환원이율	토지 : 40% 건물 : 60% 토지환원이율 : 5% 건물환원이율 : 10% 토지 : 40×5 = 200 건물 : 60×10= 600 환원이율 = 800 = 8%

$$수익가액 = \frac{9,000만원}{8\%} = 11.25억$$

59▶ 감정평가에 관한 규칙

- 지문을 읽고 ○, ×를 판단하시오.

> ▶ **기준시점**
> 1) 감정평가액을 결정하는 기준이 되는 시점
> 2) 가격조사완료일 원칙

1 기준시점이란 대상 물건의 감정평가액을 결정하기 위해 현장조사를 완료한 날짜이다. [ ]

2 기준시점은 대상물건의 가격조사를 개시한 날짜로 한다. 다만, 기준시점을 미리
정하였을 때에는 그 날짜에 조사가 가능한 경우에만 기준시점으로 할 수 있다. [ ]

> ▶ **가치형성요인** ⇨ **경제적 가치에 영향을 미치는 일반, 지역, 개별요인**

3 가치형성요인이란 대상 물건의 시장가치에 영향을 미치는 일반요인, 지역요인 및 개별요인
등을 의미한다. [ ]

> ▶ **원가방식**
> 1) 원가법 ⇨ 재조달원가, 감가수정, 가액(적산가액)
> 2) 적산법 ⇨ 기초가액 × 기대이율 + 필요제경비

4 원가법이란 대상물건의 재조달원가에 감가수정을 하여 대상 물건의 가액을 산정하는 감정
평가방법을 말한다. [ ]

5 감가수정이란 대상 물건에 대한 재조달원가를 감액하여야 할 요인이 있는 경우에 물리적
감가, 기능적 감가 또는 경제적 감가등을 고려하여 그에 해당하는 금액을 재조달원가에
가산하여 기준시점에 있어서의 대상물건의 가액을 적정화하는 작업을 말한다. [ ]

6 적산법은 대상물건의 기초가액에 기대이율을 곱하여 산정된 기대수익에 계속하여 임대하는
데에 필요한 경비를 더하여 대상물건의 임대료를 산정하는 방법이다. [ ]

7 거래사례비교법이란 대상물건과 가치형성요인이 같거나 비슷한 물건의 거래사례와 비교하여 대상 물건의 현황에 맞게 사정보정, 시점수정, 가치형성요인 비교 등의 과정을 거쳐 대상 물건의 가액을 산정하는 감정평가방법을 말한다. [   ]

8 임대사례비교법을 통해 산정한 임대료를 비준임료라고 한다. [   ]

9 공시지가기준법을 적용할 때 비교표준지 공시지가를 기준으로 사정보정, 지역요인 및 개별요인비교, 그 밖의 요인의 보정 과정을 거친다. [   ]

10 수익분석법이란 대상물건이 장래 산출할 것으로 기대되는 순수익이나 미래의 현금흐름을 환원하거나 할인하여 대상물건의 가액을 산정하는 감정평가방법을 말한다. [   ]

11 순수익에 필요제경비를 더하여 수익임료를 구하는 방법을 적산법이라고 한다. [   ]

12 대상물건에 대한 감정평가액은 시장가치를 기준으로 결정하되, 법령에 다른 규정이 있다면 대상 물건의 감정평가액을 시장가치 외의 가치를 기준으로 결정할 수 있다. [   ]

13 법령에 다른 규정이 있거나, 감정평가 의뢰인의 요청이 있을 경우에는 시장가치 외의 가치를 기준으로 감정평가할 수 있다. [   ]

14 감정평가는 기준시점에서의 대상 물건의 이용상황 (불법적이거나 일시적인 이용은 제외한다) 및 공법상 제한을 받는 상태를 기준으로 한다. [   ]

15 감정평가법인등은 기준시점의 가치형성요인 등을 실제와 다르게 가정하거나 특수한 경우로 한정하는 조건을 붙여 감정평가할 수 있다. [   ]

16 둘 이상의 대상물건이 일체로 거래되거나 대상물건 상호 간에 용도상 불가분의 관계가 있는 경우에는 일괄하여 감정평가할 수 있다. [   ]

17 하나의 대상 물건이라도 가치를 달리하는 부분은 구분하여 감정평가할 수 있다. [   ]

18 과수원은 거래사례비교법에 의한다. [   ]

19 자동차, 항공기, 동산은 거래사례비교법에 의한다. [   ]

20 광업재단은 수익환원법에 의한다. [   ]

21 임대료는 임대사례비교법에 의한다. [   ]

22 영업권, 특허권, 저작권등 무형자산은 수익환원법을 주된 평가방법으로 적용한다. [   ]

60▶ 부동산 가격공시제도

▶ **공시주체**
1) 표준지, 표준주택, 공동주택 ⇨ 국토교통부장관
2) 개별공시지가, 개별주택가격 ⇨ 시장·군수·구청장

1 국토교통부장관은 일단의 토지 중에서 선정한 표준지에 대하여 표준지 공시지가를 조사·평가하고, 중앙부동산가격공시위원회의의 심의를 거쳐 이를 공시한다. [   ]

2 시장·군수 또는 구청장은 국세·지방세 등 각종 세금의 부과의 목적으로 시·군·구부동산가격공시위원회의 심의를 거쳐 개별토지의 단위면적당 가격을 결정·공시한다. [   ]

▶ **의뢰**
1) 표준지 ⇨ 둘 이상의 법인 (반드시×)
2) 표준주택, 공동주택 ⇨ 한국부동산원

3 국토교통부장관이 표준지공시지가를 조사·산정할 때에는 「한국부동산원법」에 따른 한국부동산원에게 이를 의뢰하여야 한다. [   ]

4 국토교통부장관은 표준주택가격을 조사·산정하고자 할 때에는 감정평가법인등 또는 한국부동산원에 의뢰한다. [   ]

▶ **이의신청**
1) 표준 및 공동 ⇨ 30일이내 ⇨ 국토교통부장관
2) 개별 ⇨ 30일이내 ⇨ 시장·군수·구청장

5 표준지공시지가에 이의가 있는 자는 그 공시일부터 30일 이내에 서면(전자문서를 포함한다)으로 국토교통부장관에게 이의를 신청할 수 있다. [   ]

6 개별주택가격 및 공동주택가격에 이의가 있는 자는 그 결정·공시일부터 30일 이내에 서면(전자문서를 포함한다)으로 시장·군수 또는 구청장에게 이의를 신청할 수 있다. [   ]

7 표준지공시지가는 감정평가법인등이 개별적으로 토지를 평가하는 경우에 기준이 된다. [　]

8 표준주택가격은 국가지방자치단체 등이 그 업무와 관련하여 개별주택가격을 산정하는 경우에 그 기준이 된다. [　]

9 표준공동주택가격은 개별공동주택가격을 산정하는 경우에 그 기준이 된다.

10 표준지로 선정된 토지에 대하여는 개별공시지가를 결정·공시하지 아니할 수 있다. 이 경우 표준지로 선정된 토지는 해당 토지의 표준지공시지가를 개별공시지가로 본다. [　]

11 표준주택으로 선정된 단독주택, 그 밖에 대통령령으로 정하는 단독주택에 대하여는 개별주택가격을 결정·공시하지 아니할 수 있다. [　]

12 개발부담금의 부과대상이 아니거나, 조세 부과대상이 아니라면 개별공시지가를 결정·공시하지 아니할 수 있다. [　]

13 국토교통부장관은 일단의 공동주택 중에서 선정한 표준주택에 대하여 매년 공시기준일 현재의 적정가격을 조사·평가한다. [　]

14 국토교통부장관은 용도지역, 건물구조 등이 일반적으로 유사하다고 인정되는 일단의 단독주택 중에서 선정한 표준주택에 대하여 매년 공시기준일 현재의 적정가격을 조사·평가하고, 시·군·구부동산평가위원회의 심의를 거쳐 공시한다. [　]

15 표준지공시지가의 공시에는 표준지의 지번, 표준지의 단위면적당 가격, 표준지의 면적 및 형상, 표준지 및 주변 토지의 이용상황, 표준지의 도로상황은 표준지공시지가의 공시사항에 포함될 항목이다. [   ]

16 표준주택가격의 공시사항에는 표준주택의 용도, 연면적, 구조 및 사용승인일, 표준주택의 대지면적 및 형상이 포함된다. [   ]

17 개별주택 및 공동주택가격은 주택시장의 가격정보를 제공하고, 국가지방자치단체 등이 과세 등의 업무와 관련하여 주택가격을 산정하는 경우에 그 기준으로 활용될 수 있다. [   ]

18 표준주택가격은 주택시장의 가격정보를 제공하고, 국가·지방자치단체 등의 기관이 과세 등의 업무와 관련하여 주택의 가격을 산정하는 경우에 그 기준으로 활용될 수 있다. [   ]

정답모음

P.1 ⇨ 3, 5, 7

P.2 ⇨ 1, 2

P.3 ⇨ 4

P.5 ⇨ 4, 6, 12

P.6 ⇨ 3, 4

P.7 ⇨ 1, 4

P.8 ⇨ 1, 2, 5, 6

P.9 ⇨ 6, 7

P.10 ⇨ 1, 6

P.12 ⇨ 4, 5

P.13 ⇨ 4, $\frac{2}{3}$, 120, 20

P.14 ⇨ 5, 6

P.15 ⇨ 3, 6

P.16 ⇨ 비탄력, 0.8, 대체재

P.17 ⇨ 10%↑, 3.5%↑

P.18 ⇨ 2, 5

P.19 ⇨ 4

P.20 ⇨ 2

P.21 ⇨ 4

P.22 ⇨ 3, 4, 6

P.23 ⇨ 7

P.24 ⇨ 3, 6, 7

P.25 ⇨ 2, 3, 8

P.26 ⇨ 3, 5

P.27 ⇨ ③

　　　　25%, 10억원

P.28 ⇨ 3

P.29 ⇨ ○, ○

P.31 ⇨ 2, 8, 9, 10, 11, 14

P.34 ⇨ 4, 5, 7

P.35 ⇨ 2

P.36 ⇨ 1

(1) 실시

(2) 실시

(3) 실시

(4) 미실시

(5) 실시

(6) 미실시

(7) 미실시

(8) 실시

(9) 실시

(10) 실시

(11) 실시

(12) 미실시

P.37 ⇨ 4, 5

　　　　3, 6

P.38 ⇨ 4

P.39 ⇨ 4, 7

P.40 ⇨ ③

P.41 ⇨ 2, 6

P.42 ⇨ 2, 4

P.43 ⇨ 1, 3

P.44 ⇨ 1, 5

P.45 ⇨ 1, 3, 5

P.46 ⇨ 3, 6

P.47 ⇨ 2, 4, 6

P.49 ⇨ 2, 9, 10

P.50 ⇨ 문제 아래쪽 참고

P.52 ⇨ 2, 4, 6, 10

P.53 ⇨ 4, 5, 7, 8

P.54 ⇨ 4, 1억 5000만원

P.55 ⇨ 1억 5000만원

P.56 ⇨ 3

P.58 ⇨ 1, 3, 6

P.59 ⇨ 374만 4000원

　　　　770만 6240원

P.60 ⇨ ㉠ 5%

　　　　㉡ 1800만원

P.61 ⇨ 1, 4, 5

P.62 ⇨ 2, 3, 5

　　　　3

P.63 ⇨ 2

P.64 ⇨ 2, 7, 9

P.65 ⇨ 2

P.66 ⇨ 3, 8

P.68 ⇨ 1, 6

P.69 ⇨ 3, 4

P.70 ⇨ 2, 3, 6

P.71 ⇨ 2

P.72 ⇨ 4

P.73 ⇨ 3

P.74 ⇨ 2, 7

P.75 ⇨ 1, 3, 8, 9

P.76 ⇨ 1, 3, 4

P.77 ⇨ 1, 3

P.78 ⇨ 5

P.79 ⇨ 2, 4, 6

P.80 ⇨ 3, 5

P.81 ⇨ 3.18843억

P.82 ⇨ 8.151억

P.83 ⇨ 5

P.84 ⇨ 1,323만원

P.85 ⇨ 4

P.86 ⇨ 11.25억

P.87 ⇨ 1~22번 틀린지문들

　　　　1, 2, 3, 5, 9, 10,

　　　　11, 19

P.90 ⇨ 1~18번 틀린지문들

　　　　3, 4, 6, 9, 13

　　　　14, 18

제36회 공인중개사 시험대비 **전면개정**

2025 박문각 공인중개사
이영섭 파이널 패스 100선 1차 부동산학개론

초판인쇄 | 2025. 7. 25.　**초판발행** | 2025. 7. 30.　**편저** | 이영섭 편저
발행인 | 박 용　**발행처** | (주)박문각출판　**등록** | 2015년 4월 29일 제2019-000137호
주소 | 06654 서울시 서초구 효령로 283 서경빌딩 4층　**팩스** | (02)584-2927
전화 | 교재 주문 (02)6466-7202, 동영상문의 (02)6466-7201

저자와의
협의하에
인지생략

정가 14,000원
ISBN 979-11-7519-033-7